新营销系列丛书

袁乐清 张珀维 蔡淦绵 主编

周泉润 著

太极经营

一部中式企业经营的教科书

华南理工大学出版社
SOUTH CHINA UNIVERSITY OF TECHNOLOGY PRESS
·广州·

图书在版编目（CIP）数据

太极经营/周泉润著. -- 广州：华南理工大学出版社，2025.1. -- （新营销系列丛书/袁乐清，张珀维，蔡淦绵主编）. -- ISBN 978-7-5623-7906-5

Ⅰ.F426.82

中国国家版本馆 CIP 数据核字第 2024SV0237 号

Taiji Jingying

太极经营

周泉润　著

出 版 人：房俊东

出版发行：华南理工大学出版社

（广州五山华南理工大学 17 号楼，邮编 510640）

http：//hg.cb.scut.edu.cn　　E-mail：scutc13@scut.edu.cn

营销部电话：020-87113487　87111048（传真）

策划编辑：范亚玲

责任编辑：骆　婷

责任校对：伍佩轩

印 刷 者：广州一龙印刷有限公司

开　　本：787mm×1092mm　1/16　印张：12.75　字数：225 千

版　　次：2025 年 1 月第 1 版　印次：2025 年 1 月第 1 次印刷

定　　价：68.00 元

版权所有　盗版必究　　印装差错　负责调换

前言：太极经营助力传统企业开新局

（一）

改革开放以后，我国很多传统企业开始向西方企业学习经营模式，这里面就包括很重要的一项内容——企业文化。而在某些企业文化中，员工被视为一种资源，他们根据劳动合同和岗位职责为企业创造价值，以换取薪酬。然而，这种将人力视为资源的文化可能导致员工产生一种被动的工作态度，即他们可能始终感到自己是在"被要求"工作，而非出于内在动力或热爱而工作。

因此，这种企业文化无论对企业出资人还是对经营者、员工，都起不到人文关怀的作用，相反可能滋生腐败，造成资产的流失和浪费。更严重的是，这种程序式的文化导向与中国人根深蒂固的"仁义"思想相矛盾，大大降低了员工工作的积极性和创造性，令很多经营制度在传统企业难以推行下去。

一个成功的企业，必须经营人心，充分发挥人的主观能动性，才能提高企业的效益。因为商业之美不仅仅是高效率地盈利，还应该高效率地激发人们的创造力，所以建立以经营哲学为灵魂的经营体系，是当下企业迫切需要解决的问题。

（二）

"太极"是中国古代的哲学智慧，意为派生万物的本源。"一物一太极"，推崇的是自由、平等、独立。一个国家是一个太极，一个企业是一个太极，每个人也是一个太极。企业与员工在太极思想的指引下，在相互依存、互相作用的过程中，能实现互相成就，同时推动个人成长和企业不断发展壮大。

"太极"也代表着宇宙的意志，蕴含爱心、真诚和平等善待一切的理念，使宇宙朝着更美好的方向发展。同理，"太极"在企业中也起到这样的作用，置身这样的企业文化中，每个员工都能创造价值，成为企业宝贵的财富。

综上所述可归纳出太极经营的核心内容：用文化（哲学）育人、用数值经营、用制度做事。

1. 用文化（哲学）育人

太极经营哲学来自中国古人的智慧，提倡并践行的是"爱"的文化，而不是人管人的人治思想和行为。太极经营强调"道法自然"和"利他之心"，让员工在这样的氛围下受到熏陶、感染，从而内化心灵、外化行动、强化学习，自觉地投身到企业生产经营中，获得职场更多的筹码，为企业带来更多的效益。企业用文化育人，对"心灵"进行经营，才能使员工感到自身的幸福与公司的发展紧密相连，才能使全体员工与企业同心协力，共同前进。

2. 用数值经营

太极经营中，企业需要用精准的数值来辅助决策。太极会计制度能够打破各个部门之间的壁垒，为企业提供准确的数据信息，对企业和市场行情的发展趋势做出正确的预测，以便于企业制定科学合理的经济发展规划和预算规划。太极会计在实战中奉行利润最大化原则，经营利润最大化来源于销售最大化、费用最小化。利用太极会计报表进行业绩分析，精准找到瓶颈环节，采取针对性措施予以改善，一定能获得最大的业绩改善；同时建构"以利润为核心"的考核指标系统，更能直达经营改善的本质，让分配更加公正公平。

3. 用制度做事

优秀的企业经营必须匹配科学的制度，需要一套明确的制度体系，依靠完善的制度和合理的运行机制来规范员工行为。这套制度要让每个人都知道该做什么、如何去做、如何才能做好，以及能做什么和不能做什么。

太极经营制度是软文化、硬制度，让企业管理所有的工作制度化、流程化、标准化，使企业管理有法可依、有法必依、有章必循、有惩必罚，用制度规范企业中每一个人的行为，以促进企业发展；同时，用制度激励员工以更高的工作激情来做事；用制度谋求企业发展，保障发展目标的实现；用制度把企业的蓝图变成现实！

（三）

本书介绍了富泉集团创新构建的太极经营，其哲学思想体现的是东方价值观，实践的是太极理论。在企业这个大太极中，每个员工都是其中的一个小太极，都是一个独立、自由、平等的经营者。太极经营以追求全体员工物质和精神双幸福为企业的经营理念，使全体员工都成为企业的经营者，努力发挥自己的力量和智慧。大家齐心协力、出谋划策，不断改革精进，将销售最大化、费用最小化。

企业在清晰的经营哲学和牢固的发展战略基础上，将内部划分为若干个太极，实行独立核算，自主经营。每一个太极都是完整的生命个体，都有自行制定计划的权利及进行独立核算的责任。这些独立的太极自由、灵活，又相互依存、感应，同生共荣，符合中华文化太极观的阴阳互根、阴阳兼容。

企业以各个太极为核心，不断持续地自主成长，每一位员工都有机会成为团队中的关键角色，实现"全员参与经营"，打造务实且富有激情的集体团队。依靠全体成员的智慧和努力去完成企业的经营目标，也可以实现企业的飞速发展。

太极经营是一套基于东方哲学精髓的经营系统，是哲学与实践的和谐统一，是心法和干法的完美融合。太极经营的结果体现的是一种永不满足、精益求精的精神。它有着丰富的哲学思想内涵，希望员工以"作为人，何谓健康"为出发点不断拷问自己，时刻反省自己，付出尽可能多的努力，以单位小时核算制——每小时为一个周期循环改善。它与任何经营方法、工具都不矛盾，本质上是一种战略、战术、战斗的经营系统，必将助力企业开创新局面。

富泉集团通过实行太极经营，使企业随着外部市场环境的变化不断自新求得生存，并时刻调整到最佳状态。全体员工从被动经营走向主动经营，独立核算让各部门的贡献一目了然，公开、公平、公正的考核激励与精益生产有机结合。

太极经营从经营的底层逻辑上进行思考，令老板和员工达成上下同欲的境界。人性化与平衡的组织形态更适合具有东方价值观的中国企业，并利于发现、培养经营人才。这种东方经营理念将有利于他人、有利于社会发展的社会责任融入到企业商业模式和商业战略中，从而将其升级为更加正向的商业生态，为进退维谷的中国传统企业打开全新局面，更好地发挥企业之于社会的正向力量，是当今中国企业的必然选择。

周泉润

2024 年 7 月于海口西海岸寓所

目 录

第一章 太极概论 ·· 1
- 一、太极的传说 ·· 1
- 二、生生之源 ·· 2
- 三、象象之因 ·· 3
- 四、物物之仪 ·· 3

第二章 太极理论 ·· 5
- 一、太极学说 ·· 5
- 二、太极定律 ·· 8
- 三、太极规律 ·· 12

第三章 太极经营 ·· 14
- 一、太极经营概述 ·· 14
- 二、太极经营的两大支柱 ·· 15
- 三、太极经营四大系统 ·· 24
- 四、太极经营的特征 ·· 44
- 五、三用主义 ·· 52

第四章 富泉经营哲学 ·· 62
- 一、企业哲学 ·· 63
- 二、经营理念 ·· 65
- 三、经营宗旨 ·· 66
- 四、企业目标 ·· 66
- 五、企业使命 ·· 67
- 六、经营原理 ·· 68
- 七、经营原则 ·· 74
- 八、经营准则 ·· 85

九、管理准则 …………………………………………………… 96
　　十、团队准则 …………………………………………………… 107
　　十一、生活准则 ………………………………………………… 117
　　十二、人生修炼 ………………………………………………… 128

第五章　富泉经营体制 ……………………………………………… 131
　　一、富泉经营体制概述 ………………………………………… 131
　　二、富泉经营体制图 …………………………………………… 131
　　三、富泉集团的三级太极 ……………………………………… 132
　　四、富泉经营体制终极目标 …………………………………… 136

第六章　富泉算盘 …………………………………………………… 138
　　一、八项财务原则 ……………………………………………… 138
　　二、经营会计 …………………………………………………… 141
　　三、经营内部交易 ……………………………………………… 156

第七章　富泉行政制度 ……………………………………………… 166
　　一、人事晋升制度 ……………………………………………… 166
　　二、薪酬制度 …………………………………………………… 173

第八章　太极理论与富泉集团经营 ………………………………… 178
　　一、经营哲学奠定企业文化基石 ……………………………… 178
　　二、经营体制解决企业构架问题 ……………………………… 185
　　三、经营算盘实现销售最大化和费用最小化 ………………… 190

后记：富泉集团实行太极经营走向健康发展 ……………………… 192

第一章 太极概论

一、太极的传说

太极，作为中国传统文化中的一个重要符号，代表了古人对宇宙运行模式的探究，体现了阴阳平衡的哲学思想。

北宋理学鼻祖周敦颐在《太极图说》中详尽地阐释了以太极为起源的宇宙观，即"自无极而太极。太极动而生阳，动极而静；静而生阴，静极复动。一动一静，互为其根。分阴分阳，两仪立焉。"也就是说，宇宙的最初阶段是"无极而太极"，无极指无形无象的最高实体，太极是指最大的统一体。

人们普遍通过常见的太极图（图1-1）来了解太极，这种广为人知的太极图，其形状如阴阳两鱼互纠在一起，因而俗称"阴阳鱼太极图"。白色阳鱼代表天，黑色阴鱼代表地，阴阳鱼的界限，就是划分天地阴阳界的人。图中，阴阳鱼相互环抱，表示阴阳相辅相成，阴阳消长，阴盛则阳衰，阳盛则阴衰。环弧形的两鱼交游状，表示阴阳变化循环不已。阴阳鱼首尾相连，表示阴极生阳，阳极生阴。两个阴阳鱼各有鱼眼，表示阴阳互根，阴中有阳，阳中有阴。

太极图也被称为"中华第一图"。从孔庙大成殿、楼观台、白云观等建筑的标记物中，以及中医、气功、武术等有关中国传统文化

图1-1 太极图

的书刊封面、会徽会标中，都能看到太极图的踪迹。它正是阴阳相对统一、消长流行、互根互动理念的最佳图示，表现宇宙运行规律中的阴阳交互作用、阴阳相互转化等思想理念，展现了一种互相转化、相对统一的形式美和和谐美，受到古今社会的推崇。这也说明中国传统文化从某种意义上就是阴阳文化，即太极文化。

在太极文化里，太极就是宇宙的起源，"太极生万物"的过程也解释了宇宙从哪里来、到哪里去的运行模式。太极不仅是宇宙的原始状态，也是天地万事万物之理的总和，而在具体的事物中也有太极之理，故曰："人人有一太极，物物有一太极。"一物一太极，阐述了太极的核心价值：公义、中和、自由。这是我们的先祖对自然的朴素认识，"道在天地之间也，其大无外，其小无内"，世间所有事物的运行也都符合这一自然规律。

二、生生之源

太极，作为中华传统文化的代表之一，表达了对宇宙生成和运行规律的深刻理解。它象征着万物的起源和变化，体现了一种生生不息、循环往复的自然法则。太极之生生，《易传》表述为"一生二，二生四，四生八，八八六十四"；《道德经》则表述为"道生一，一生二，二生三，三生万物。"

太极，在中国古代哲学中用以说明世界本源的范畴。"太极"一词有多重意义和解读，其一为生生之源；上文中的"一生二，二生四，四生八，八八六十四"就生动地阐释了宇宙万物生生之源的演化方式，就像细胞裂变一样不断地繁殖和扩散，揭示了宇宙是一个自然繁衍、生生不息的过程。

《易传·系辞上传》中有"易有太极，是生两仪，两仪生四象，四象生八卦，八卦定吉凶，吉凶生大业。"这段文字解释了宇宙诞生的一个演变过程：混沌初开，太极是世界产生全过程的开始，先有了天空和大地，即"两仪"出现；再由天空生成了雷电、由大地产生了河泽，即"四象"出现；天空又生成了风，雷电生成了火，大地又生成了山丘，河泽生成了水，八卦完备，然后万物生成。

因此，浩瀚宇宙间的一切事物和现象都包含着阴和阳、表与里的两面。它们之间是既互相独立又相互依存的关系，这既是物质世界的一般规律，是众多事物的纲领和由来，也是事物产生与毁灭的根由所在。

三、象象之因

象，是《易传》中非常重要的一个用语。以"象"类物，是古人分析事物和认识世界的一种方法。

太极四象是由两仪分化而成。万象不同，但遗传基因相同，内含阴阳消长之意。四象是把事物发展分成四个阶段，如四季；也可以把事物用东西南北四个方位来分析。太极是宇宙万象的遗传基因，万象不同，基因相同，无非阴阳而已。

四象是指春、夏、秋、冬四季，在卦象中分别对应少阳（春）、老阳（夏）、少阴（秋）、老阴（冬），即由阴阳两仪衍生形成的四种象。四时各有其象，天地生四时，故常说"两仪生四象"，即实象、假象、义象、用象。

四象在古代还用来表示东、北、西、南四个方向的星象，也就是东方青龙、北方玄武、西方白虎、南方朱雀。除此之外，四象还用来指日、月、星、晨，以及指阴、阳、刚、柔或吉、凶、悔、吝。

"象"也表示气象和征兆。《易传》中有"在天成象，在地成形，在人成运"，就是指在天形成一种气象的时候，未来就会产生一种变化。"形"是天象在地上的具体表现，简称"形象"。《易经》的"象"就是指卦象，是自然界中事物的形象。大自然和社会上的一切现象，包括山水、花草树木、天空雷电、四季变换、人和动物等，都是易经所取之象，正所谓"远取诸物，近取诸身"。

从"象"来看"因"，太极文化指引着人们正确选择看待事物和世界的方式和角度，既要有大局观，也要分阶段、分角度，通过整体和局部的路径去找到原因、探寻结果，从而领悟到规律，即"道"。不仅人生的成长如此，企业的经营发展也是如此。

四、物物之仪

《易传·系辞上传》有"一阴一阳之谓道"，这里的"道"是规律，是世间万物的共通之处，那就是事物都包含阴阳两面。宋代魏了翁的诗作《赠曾医》开篇有两句："太极分阴阳，物物具两仪。乾坤互南北，坎离迭东西。"其说的就是卦象中的乾是阳、坤是阴，坎离就更明确地指出了这一特征。太极作为最原始的混沌之气，因为宇宙的运动而分化出阴阳，世间万物莫不如此。

万物皆阴阳，是指天地万物皆由阴阳构成，阴阳互根，一一相对。世间的一切事物都可简单地分为两个方面，一方面是阴，另一方面是阳，就像人也是分阴阳的，男是阳，女是阴。任何事物的基本属性可以是阴或阳，但阴阳并不是纯粹割裂开的，而是阴中有阳，阳中亦有阴，彼此之间既相互对立又相互依存。

世间的万物都是如此，既阴阳相对，又阴阳统一。乾是阳，坤是阴；天是阳，地是阴；日是阳，月是阴；昼是阳，夜是阴；南是阳，北是阴；上是阳，下是阴；明是阳，幽是阴；暑是阳，寒是阴；健是阳，顺是阴；刚是阳，柔是阴；男是阳，女是阴；贵是阳，贱是阴……每样事物都能从阴阳上找出对应来，因为有阳才有阴，有阴才有阳，阴与阳是一一相对的。阴阳这样的对立特点，是物质世界的最基本属性。那它的作用是什么呢？

阴阳相冲化万物，世间万物，皆有阴阳之道，即可从万物万事之间领悟到阴阳之理。"阴阳"一词，蕴含了很多道理，可简单分为：阴阳对立，阴阳相冲，阴阳转换。太极图就反映了阴阳对立、统一、转化的特点和内涵。

物极必反、否极泰来。比如，人的身体由弱到强再到弱，事情的发展由小到大再消失，等等。客观规律即为"道"，所谓"道法自然"，阴阳之理就是从自然界万事万物的变化规律中总结而来的。

一般来说，"阳"代表事物具有动的、活跃、刚强等方面的属性，例如，兴奋、积极、光亮、机能的、上升的、外露的、热的、增长、生命活动、男人等。"阴"代表事物具有静的、不活跃、柔和等另一方面的属性，例如，抑制、消极、晦暗、物质的、下降的、在内的、冷的、减少、女人等。

阴阳的概念并不是绝对的，而是可以转化的。阴阳转化就是指，阳者非恒阳，阴者非恒阴。一个人健康是阳，生病就是阴；活着是阳，去世是阴……就像俗语有"男女搭配，干活不累"，男女就是阴阳。阴阳是一对相对的概念，彼此独立但又相互依存，是互相补充的，一定条件下还会相互转化促进。

第二章
太极理论

一、太极学说

太，可大可小；极，无穷无尽。太极即无限之意，包括时间的无限和空间的无限，即宇宙是无穷无尽的。宇宙是一个太极，原子也是一个太极；国家是一个太极，城市也是一个太极；一个公司、一个家庭都是一个太极。其大无外，其小无内，一物从来有一身，一身自有一乾坤。

由阴阳两半组成的太极图呈现的就是整个宇宙高速运转的状态。太极图的阴阳是相互转化的，阳极必阴，阴重而阳，阳中含阴，阴中又含阳，体现的是太极学说里阴阳互根、阴阳转化的哲学道理。

（一）阴阳互根

阴阳互根的概念来源于古代哲人对自然界的各种事物或现象以及人体的生命现象的观察与体悟，脱胎于阴与阳互相对待的概念，而这一概念是从日光的向背对待而来。古人在观察到阴与阳相对立的同时，也体悟到阴与阳是不可截然分开的，而是相互依存的。比如男女两性，男人是阳，女人是阴，虽然性别相对，但在日常生活中又是互相统一、不能分离的，男女两性要互相结合才能繁衍后代、传承并推动社会的进步和发展。

阴阳互根也深刻地揭示了阴阳两个方面的不可分离性。阳根于阴，阴根于阳，无阳则阴无以生，无阴则阳无以化。阳蕴含于阴之中，阴蕴含于阳之中。阴阳一分为二，又合二为一，对立又统一。中华医学用阴阳互根的观点，阐述人体脏与腑、气与血、功能与物质等在生理病理上的关系。

既然阴阳是由整体一分为二相对待而来的，那么就必然具有能够统一的内在机制；阴阳既然具有相互对立的关系，就必然同时具有互根统一的关系。如上与下、动与静、升与降、左与右、寒与热、明与暗等，都既是相互对立的，又是依存互根的，表达了阴阳的对立统一关系。

当阴阳相互依存的关系因某种原因遭到破坏，就会出现"孤阴""独阳"。"孤阴不生，独阳不长"，在自然界表现为各类植物或动物的不生与不长，在人体则表现为生生之机遭到压抑和破坏而致病，最终导致"阴阳离决"而影响寿命。

一个公司的经营与发展也如同太极阴阳互根的学说，公司是个大太极，每个员工也各是一太极。公司与员工之间互相依存，公司的发展离不开员工的付出，同时也给了员工个人成长的平台和职业归属；员工依附公司实现个人生存、生活的目标和理想，同时为企业的发展贡献不可磨灭的力量；员工与员工之间，相互配合，互为竞争，你争我赶，相互成就，共同为企业做出奉献。公司发展壮大，员工个人也会随之得到丰厚的利益回报；同样员工努力学习，不断进步，也会为公司创造更多价值。如果公司萎靡不前，甚至倒闭，那么所有员工也会陷入职业生涯的低谷，英雄无用武之地，只能重新去找工作；如果员工个人不思进取，"做一天和尚撞一天钟"，也势必会被企业淘汰。

（二）阴阳消长

阴阳消长，是指对立互根的阴阳双方总是处于不断增长或消减的运动变化之中。古代哲学家在对自然界的各种事物和现象以及人体自身的观察过程中认识到，自然界的各种事物和现象都是不停地运动变化着的。如日月星辰的运行，四时寒暑的更替，风雷云雨的布施，以及植物的生长消亡、动物的生老病死的规律性变化，都属于阴阳二气有序消长运动。

人与自然界的事物相对应，故人体内的阴阳二气也随自然界阴阳二气的运动有相应的变化，都处于不断的消长变化之中。"春生夏长，秋收冬藏"，也是机体内阴阳两种势力相互作用有序消长变化的表达。

阴消阳长、阳消阴长两种变化形式，永远处于运动、平衡、和谐之中。导致阴阳消长变化的根本原因是二者的对立制约和互根互用。阴阳的此消彼长，是建立在阴阳对立制约基础上的盛衰变化；而阴阳双方的皆消和皆长，也是建立在阴阳互根互用基础上的消长运动。

我们生活在一个不断变化的世界中，就像太阳的升起和落下、月盈则亏、潮涨则落，万事万物都在阴阳消长的规律中循环往复。人生的道路也是如此，既有光明也有黑暗，既有欢喜也有悲伤，既有成功也有失败。然而，只有理解并接受阴阳消长的道理，我们才能真正把握人生的真谛。生活有起伏跌宕，才能使人真正体验到人生的酸甜苦辣。如果总是只看到阳光的一面，那么我们就无法体验到挫折的痛苦；如果总是只看到黑暗的一面，那么我们就无法体验到成功的喜悦。因此，阴阳消长是我们生活的一部分，是我们必须面对和接受的事实。

在人生的道路上，会经历许多困难和挫折，这些都是成功的催化剂。只有经过这些困难和挫折的考验，我们才能真正成长和进步。正如一棵树只有在经历风雨的洗礼后才能茁壮成长一样，我们只有在经历了人生的起伏跌宕后，才能更加成熟和坚强。这就是阴阳消长带给我们的人生智慧。

从企业的发展角度来看，企业制定的制度，既是对员工行为准则的约束，也是保证员工在有序合规的范围内创造发挥，不越轨不逾矩不违法，不给自身和企业带来利益伤害。但是当企业的制度让员工感到有束缚之感，无法凸显个人个性才华时，员工的创造力就会受到削减。从阴阳消长的规律就能了解，制度与活力，规范与创造力，都要随着企业的发展变化而变化，要兼顾国家、社会大环境的影响，才能达到企业和员工之间的相互平衡，和谐共融。

（三）阴阳中和

我们生活的世界充满了矛盾与对立，如太阳与月亮、黑夜与白昼、冷与热、贫与富，这些都是自然界中永恒存在的阴阳两面。然而，这些看似对立的事物却并非相互排斥，相反，它们相互依存，相互作用，共同构成了一个丰富多彩的世界。

阴阳不仅是相对的，也是中和的。阴中有阳，阳中有阴，事物的阴阳属性不是绝对的，而是相对的。对立面的双方本身又可一分为二，达到你中有我、我中有你的境界。阴阳既此消彼长，也互源互用，在相互依存的基础上，某些还存在着相互滋生、相互促进的关系。"阳生于阴，阴生于阳"，阴阳彼此中和。

阴阳中和，犹如日夜交替，万物生长。无论是在大自然中，还是在人类社会中，这种阴阳的互源互用关系都十分普遍。在自然界中，四时寒暑的更替和气候的相应变化，是阴阳二气运动变化的结果。如夏天虽热，但阴从阳生，雨水增多；冬日虽寒，但阳从阴化，干燥少雨，如此，维持一年四季气候的相对稳定。

太阳是阳，月亮是阴；男性是阳，女性是阴；开朗是阳，内向是阴；伸展是阳，收缩是阴。这些看似对立的概念和属性，实际上在我们的生命中扮演着重要的角色。只有当阴阳两种力量达到平衡时，我们的身体才能保持健康和活力。

然而，现实生活中，很多人往往过于偏重一方，比如喜欢吃辛辣食物的人可能会摄入过多阳性的食物，而忽视了用阴性的食物来平衡；有的人可能过于注重运动而忽视了休息和睡眠的重要性。这种失衡会导致身体阴阳失调，进而引发各种健康问题。

阴阳中和也体现在人与人的关系中。首先，我们来看家庭，一个和谐的家庭需要阳刚与阴柔的平衡。父亲要有担当和主见，母亲则要给予温暖和理解。双方既要分工明确，又要相互支持，共同为家庭创造一个温馨的环境。其次，在职场中，阴阳调和同样重要。强势与柔和并存，责任与关怀共进，才能建立良好的人际关系，取得事业的成功。企业的发展需要各种各样的人才，有些能为企业直接创造价值，有些是企业可持续发展的后备力量；员工个人发展也如此，有的在短时间内付出就能得到收获，而有些则是要借助良好的平台得到学习的机会；能力有强弱之分的员工之间，既有竞争也能互相取长补短，相互成就。公司与员工之间，员工与公司之间，员工与员工之间，彼此兼容并蓄，互源互用，体现的就是阴阳中和的哲理。

二、太极定律

世间万事万物都有既定的规律，只有了解和把握这些规律，才能帮助我们更好地了解世界、了解自己，找到成功的方法。太极作为中华文化中古老的哲学思想，要想掌握其要义，需把握三个重点：中心定律、阴阳定律和平衡定律。

（一）中心定律

太极是万事万象的中心。中心又可称为核心，一个区域一定有中心，一个团体一定有核心，这个中心或核心一定是唯一的，这就是太极点。有了太极点，在空间上才有东南西北、上下左右，在方位上才有内外、远近、高低、大小之分，在时间上才有昨天、今天、明天，在人际关系中才有远近亲疏……若无太极点，世界会陷入无序状态。

太极点是人们观察事物的出发点，具有两大特性：稳固性和变迁性。稳固性就是太极点一旦确立就稳固不变了，一切解析思路都要紧紧围绕着这个太极点进行。变迁性就是太极点是可以变换的，当一个太极点确立之后，完成一系列相应的信息挖掘和处理后，如需继续挖掘信息就需要变换太极点了。

以人类的成长和思维过程来举例，人一出生就习惯用自己的视角去观察，先以"我"为太极点，再发展到开始看到外物，慢慢有了抽象思维，开始以"外物"为太极点，可能是以具体事物为太极点，如"一棵树""一间房""一座城市"等，也可能是某种抽象概念。而人际交往是以"我"之外的"人"为太极点，比如从父母视角、老师视角、客户视角去观察和思考。

不同太极点，建立的坐标系覆盖范围不同：太极点立于一个足够大的主语上时，例如"世界""全国"，那这个太极点建立的坐标系可以考量很多事物，比如一国有东南西北之分，财富有多寡之见。当太极点立于"个体""个人"这种主语上时，就达到一个平衡点，坐标系的建立基础就是个人对周围的认识。

需要注意的是，如果立错太极点，用A的主语去讨论B，会闹出笑话。比如评价一个人的知识多寡，太极点不同，结论也不同。立于家族这个太极点，你是学富五车的；但立于社会这个太极点，你可能是见识浅薄的。

在社会科学和心理学中，以太极点为中心的定律也具有广泛的应用。例如，在一个社会结构中，领导者的行为和决策可能会对整个系统的运行产生重大影响。在这种情况下，中心定律可以帮助我们理解领导者的角色和影响力，以及他们如何影响组织的发展和变化。

当企业作为太极点，企业发展进步应着眼于全局，要把带动所有人共同进步作为己任，不能故步自封；当员工作为太极点，个人成功与否不能只看见眼前的微小利益，应从周围相关联人群的利益出发，立意应更高远。

在企业发展过程中，太极点也可以视为起点或核心点，有起点就有目标，有核心点就有无限的拓展空间。没有太极点，企业发展就没有目标和拓展方向，随心所欲的结果只会导致失败。

总的来说，中心定律可以帮助我们更好地理解和解释复杂的现象。在企业的经营中，通过深入理解和应用中心定律，可以提高分析能力和决策水平，从而更好地应对市场上的各种挑战和机遇。

（二）阴阳定律

阴阳定律就是以阴阳的思维看世界。从阳（表面）看阴（本质），即透过现象看本质。世间的万事万物都有阴阳两面性，阳是表面，阴是本质。我们看问题做事情，必须要学会从阳到阴，由表及里，从表面到本质；再从阴看到阳，由里到外，从内部再到外部。

以阴阳的眼光看世界，可以帮我们更好地理解自然和人类社会。在自然界中，太阳和月亮、火和冰、热和冷，这些都是阴阳两种力量的具体体现。太阳代表阳，它给予我们光明和温暖；月亮则代表阴，它给人一种沉静、清冷的感觉。在人类社会中，男性和女性、领导者和追随者、富人和穷人等，也都是阴阳两种力量的体现。

在人际关系中，阴阳定律可以帮助我们理解对方的情感和需求，从而更好地沟通和交流。阳性的表达方式如阳光般照亮他人的生活，阴性的表达方式如月光般细腻抚慰人心。如果能熟练运用阴阳定律，就能更好地理解和尊重他人，建立更和谐的人际关系。

以阴阳的眼光看世界，可以帮助我们更加深入地思考问题。在处理问题时，需要同时考虑积极和消极的因素，避免片面性和极端性。比如在商业谈判中，不仅要考虑利益得失，也要考虑对方的感受和需求；在家庭关系中，我们需要尊重双方的观点和感受，避免冲突的发生。

当人们以阴阳的眼光看世界时，就应当意识到世界是由这两种力量共同塑造的。阴阳并非孤立存在，而是相互转化、相互影响。在任何时候，阴阳都在不断地变化和转化，这是自然界的普遍规律。

在观察和理解世界时，以阴阳平衡的观点来看待事物，就可以更好地应对生活中的挑战和困难。面对困难时，可以将困难看作是阴阳转化过程中的一个阶段，而不是终点。困难是阴阳失衡的结果，同时也是阴阳重新平衡的契机。保持平衡的心态，就能更好地应对困难，从中学习和成长。

在企业的发展过程中只看阳不看阴，只看表现不看本质，或者只看阴不看阳，只关注本质不顾及表面，都是片面的、不完整的，无法看清事物的全貌，也就无法在经营中做出正确的决策。另一方面，企业的整体发展以及在发展的各个阶段都会有阴阳互转的情况，如果发展的高潮期是阳，那发展的低谷期就是阴，阴阳是可以互转的，在高潮期不能放松警惕，在低谷期也不能失去信心。

（三）平衡定律

《道德经》第四十二章中有："万物负阴而抱阳，冲气以为和。"其意就是万物的阴阳运动最终达到阴阳平衡。这是宏观的阴阳调和之道，喻示了自然界万物在自然运作中都要达到阴阳平衡的大道理。

阴阳平衡的规律是自然界中最为基本的规律之一，它贯穿于宇宙万物发展的始终。在自然界中，阴阳两种力量相互作用，相互制约，维持着一种动态的平衡。

在自然界中，阳代表着光明、向上、积极、活跃等属性，而阴则代表着黑暗、向下、消极、沉寂等属性。阴阳平衡意味着这两种力量在相互制约中达到一种平衡状态，从而使宇宙万物得以和谐共存。

大自然有阴就有阳，就像有白天就有黑夜，有男人也有女人，地球上有南半球也有北半球，都是阴阳相对、阴阳统一的。一年之中，春夏为阳，秋冬为阴，阴阳平衡才有生机。如果地球只有白天没有黑夜，只有男人没有女人，只有阴没有阳或者只有阳没有阴，就无法达到正常运转的状态。

在企业管理中，这个概念同样适用。企业犹如一部运转的大机器，需要各个部门、各个环节的协同运作，才能保持稳定和持续的发展，这其中便蕴含着阴阳平衡的道理。"阳"的一面，代表着企业的各项硬性指标如销售额、利润率、市场份额等。这些指标如同太阳一般，为企业提供光明和热量，是推动企业前进的主要动力。而"阴"的一面，则是企业的软实力，如企业文化、员工关系、品牌形象等。这些元素如同月亮一般，虽然不如硬指标那样显眼，却能赋予企业深度和内涵，为企业的长足发展提供保障。

如何把握阴阳平衡定律？首先，要明确一点：硬指标和软实力并不是简单的对立关系。硬指标如销售额的提升，会给企业带来发展的物质基础；而软实力如企业文化的建设，则是保持企业精神活力的关键。这两者相互依存，相互促进，是一个企业平衡发展的基石。

其次，需要通过有效的管理策略来推动阴阳平衡的实现。例如，我们可以通过制定合理的薪酬制度，既满足员工的物质需求，又能够体现其价值；通过实施人性化的管理方式，尊重和关心每一个员工，提高员工的工作积极性和满意度；通过加强品牌营销和企业文化建设，提升企业的形象和影响力。

最后，要灵活运用阴阳平衡定律。在市场竞争中，既要关注竞争对手的硬指标，如价格、产品等；又要分析其软实力，如品牌策略、企业文化等。在不断调整自身策略的同时，保持阴阳平衡的状态，这样才能在激烈的市场竞争中立于不败之地。

平衡定律，实质是给了我们一个评判善恶、好坏的标准。自然的行为就是善的、好的行为，不自然的行为就是恶的、坏的行为。以自然的标准评善恶，是因为自然是平衡的。事物的阴阳平衡是一个动态平衡的过程，有得到就有失去，有失去也必然会有得到，这就是阴阳平衡的道理。如果能了解事物阴阳平衡定律，掌握自然处世的法则，就能掌握事物发展变化的规律，在企业的经营中更是如此。

三、太极规律

人们熟知的太极图藏着万事万物，大千世界芸芸众生都遵循图中的自然之道。太者，可大可小也，其大无外，其小无内。极者，极限也。太极图能大能小，大到无边无际，小到无影无踪，因此得名"太极"。

"一物一太极"展现的是万物背后的太极之理，指万事万物都能被视为一个太极图，一个世界是太极图，一个国家是太极图，一个房子是太极图，就连一只小鸟也是太极图。每一种事物都是一个太极，都可以被视为一个小宇宙，包含着阴阳五行、四时生克的道理。"万物皆太极"的规律提供了一个独特的视角，可以从微观和宏观两个角度去探索世界的奥秘。

从微观的角度来看，一物一太极意味着每一个物体都有其自身的规律和特点。比如，一个原子，虽然微小，但也有其自身的结构、能量和运动规律。通过研究原子的构造和性质，可以更深入地理解物质的本质和特性。同样，也可以通过研究其他物体，比如分子、细胞、植物、动物等，来探索它们自身的规律和特点。从宏观的角度来看，一物一太极则意味着整个宇宙也可以被视为一个有机的整体。宇宙中的万物都是相互联系、相互影响的，它们共同构成了一个复杂而有序的系统，通过研究这个系统，可以更好地理解宇宙的本质和规律。

在实践中，也可以运用一物一太极的思想来指导我们的行为。比如，中医注重从宏观的角度来研究人体的生理和病理，通过望、闻、问、切等多种方式来了解病人的病情，然后根据阴阳五行、四时生克的道理来制定治疗方案。在企业管理中，一物一太极的思想也可以被用来指导企业的决策和管理，通过深入了解市场、客户、员工等各个方面的规律和特点，来制定更加科学合理的发展战略和经营策略。

每个太极都是平等的、自由的、独立的。每个企业也是这样，企业的每个部门和个体都是一个太极，按照太极规律运行。

第三章 太极经营

一、太极经营概述

太极经营是运用太极理论指导企业研发、生产、销售活动的经营学说。太极理论为我们的经营活动提供了一种思维方法，启发企业的经营者在经营活动中运用太极理论来制定某些经营原则、价值标准、经营制度、行为准则、道德规范、培训方法等。

企业的经营者观察分析经营活动中的问题，寻找到解决经营问题的办法，并在长期的应用中积累宝贵的经营经验，就会逐渐形成与之相匹配的太极经营思维。

在太极理论的影响、指导和启发下，根据企业的特点，可以形成整体经营思维、阴阳互渗经营思维文化、中和经营思维等。这种太极经营思维，以及在太极经营思维运用中积累的宝贵经营经验，其实渗透到了经营活动的方方面面。

众所周知，"无为而治"才是经营的最高境界，其实太极经营就是贯彻"无为而治"思想的企业经营活动。

太极理论的第一个观点是"圆"，做事情要追求圆满。什么叫圆满？通俗地讲就是上有天，下有地，中间有空气。在一个家庭，上有父母，下有子女，中间有配偶，并且父母、子女、配偶身心双幸福才叫圆满。在一个企业，上层领导、中层干部、下层职员，身心双幸福才叫圆满；"无为而治"，实行太极经营，才能达到圆满。

太极理论的第二个观点叫"格局"。"太极生两仪"，这"两仪"就是要讲究格局。正所谓有得必有失,接受"得"和"失"是一种大智慧。对于经营者来说,要有能力去争取自己能得到的东西,但更重要的是要有胸怀去放弃自己不能得到的东西。

太极理论的第三个观点叫"平衡"。太极就是讲究中和、讲究平衡,也就是做人不唱高调,做事不走极端。太极经营让团队在平衡中求发展,在发展中求平衡,用四个字概括就是:中和平衡。

二、太极经营的两大支柱

太极经营的两大支柱分别是哲学和科学,用太极图来说明如图3-1所示。

(一) 哲学

哲学是关于世界观的学说,是对自然知识和社会知识的概括与总结。哲学的根本问题是思维和存在、精神和物质的关系问题,是对基本问题和普遍问题进行研究的学科。哲学在希腊语中是"追寻智慧"的意思,一般具有严密逻辑系统的宇宙观,研究宇宙的性质、人在宇宙中的位置等一些基本问题。

哲学是一种方法,而不是一套主张、命题或理论。哲学的研究过程是基于理性的思考,寻求能做出经过审视的假设,且不跳脱信念,它不是纯粹的类推。哲学也被定义为创造概念的学术,所涉及的研究范畴是其他学科的总和。它源于知识,又高于知识,是知识的综合和升华,达到对世界、人与世界的关系以及人自身本质的认识。各门具体科学是哲学的认识基础,哲学则为各门具体科学提供理论指导。它给出对世界本质的解释,在很大程度上影响着接受者的世界观。

有哲学家把哲学划分为三个部分:宇宙论,探讨世界本源;人生论,研究伦理学、美学、价值论;知识论,也称认识论。

从上述哲学的定义、特点以及划分

图3-1 太极经营两大支柱图

来看，太极的阴阳理论是一种纯朴的辩证论，属于哲学思想的范畴。太极是中国传统哲学思想的显著代表，中国传统哲学主要研究人生论，即人生哲学，教会人们用哲学的思想去思考人生和世界。人们通过学习哲学认识一切事物，丰富心灵，扩充想象力，并且降低教条式的自信；通过哲学冥想感受宇宙之大，心也会变得宽广，因而能够和至善的宇宙结合在一起。

1. 企业哲学

企业哲学是指一个企业为其经营活动或经营方式所确立的价值观和行为准则，是企业在社会活动及经营过程中起何种作用或如何起这种作用的一个抽象反映。它以企业家文化为主导，是公司核心群体对于公司如何生存和发展的哲理性思维。它是一种人本哲学，是企业的灵魂，在企业经营活动中起决定作用，包含企业精神、企业宗旨、企业理念、企业使命等内容。

企业哲学也是对企业全部行为的一种基本指导。企业哲学的根本问题是企业中人与物、人与经济规律的关系问题，是企业解决在外部如何生存以及企业内部如何共同生活的哲学，是对企业内外部的一种辩证式的哲学思考。这种哲学思考又决定了企业对于各种事物的偏好不同，所以企业文化也具有个性化的特点，这就是企业存在和发展的根本原因所在。

企业哲学是指导企业经营管理的最高层次的思维模式，是处理公司矛盾的价值观及方法论。企业哲学是塑造企业文化的根本，企业文化是基于企业哲学辩证思考之后确立的基本假设，并由此产生的价值观，以及价值观所指导下的行为模式，这其中包含了行为实施影响下的物化环境。只有在有足够的能力处理公司发展的内外矛盾的前提下，公司才能确立其核心价值观以及围绕价值观所形成的辩证的方法论。

企业哲学又是企业家文化与企业文化的转化器，这基于两个主要原因：一是企业哲学应该是一个群体的思维，而不是某一个企业家的思维；二是企业哲学不只是停留在企业家阶层，也包括了企业核心团队的智慧。

同时，企业哲学又是企业文化的一个组成部分，是企业在创造物质财富和精神财富的生产经营实践活动中表现出来的世界观和方法论，亦即企业的价值观。它是企业文化的遗传密码，是企业文化的基础和核心，也是企业形成独特风格的源泉，是企业进行总体信息选择的综合方法，是企业人格化的基础。

总之，企业哲学是一个公司的灵魂，是公司经营管理的最高层次的思考模式。

2. 企业哲学的组成

什么叫经营？经营就是把企业的个性做出来。而企业哲学就是企业的个性，是企业的灵魂。

企业哲学对每个企业来说不是千篇一律的，而是有其鲜明个性。企业哲学必须包括以下各个企业共同的观念：系统观念、物质观念、动态观念、效率观念、风险观念、竞争观念、人才观念、市场观念等。

比如，企业应将自身视为一个大系统的一部分，供应链、客户、员工、股东等都是这个大系统的一部分。企业应理解自身与系统中其他部分的关系，并寻求整体的协调发展。

在人才观念上，企业应认识到人才是企业最重要的资源，企业应通过吸引和培养人才来提高自身的竞争力。企业应具备识别和培养人才的能力，以及激发员工创造力和创新精神的能力。

在市场观念上，企业应认识到市场是变化的，企业必须通过了解市场需求和趋势来制定相应的经营策略。企业应具备把握市场机会和应对市场变化的能力，以及从市场中学习和成长的能力。

这些要素是形成企业哲学共同价值观的基础，也是建设有自身特色的企业文化的中心环节。企业哲学中共同价值观的塑造是企业文化建设的核心，应包含以下三个关键要素。

①文化认同。文化认同是对优秀文化传统的继承及企业良好风尚的树立，对员工而言是一种归属感和共同的行为准则。

②目标认同。目标认同是指对企业发展方向、竞争策略、企业建设等诸多方面有一个共同的认识，以协调步调。

③行动协同。行动协同是在取得共同认识的基础上，全体员工齐心协力，心心相通，彼此支持，各部门共求进取，汇成一股合力。

具备以上三个条件，企业的共同价值观就形成了，也就是企业文化的核心——企业哲学形成了。

3. 企业哲学的结构

企业文化是企业哲学的外在表达，企业哲学是塑造企业文化的根本。通常在企业文化中的企业理念系统部分，会详细地阐述关于企业哲学的三大问题：企业为什么存在？企业成为什么样子？企业如何存在？这就是原因、愿景、结果三个方面的问题，也是企业哲学的结构性问题。

第一问"企业为什么存在"是体现企业存在的价值，就是企业的使命。它与企业的生存环境密切相关。

第二问"企业成为什么样子"是企业的发展目标，即愿景。一个公司的愿景是全体人员为之奋斗的目标，它必须具有前瞻性、挑战性，也是激励人心的，有"豪情壮志"的气势。

第三问"企业如何存在"即解读经营理念。这一层次涉及的内容最为广泛，大致包括企业针对市场、客户、员工、产品、经营意识等方面的内容。一句话，这个问题是告诉全体企业人员：怎么干！

4. 企业哲学与企业文化的关系

企业哲学作为企业经营的顶层思考模式，它不仅是解决企业矛盾的价值观和方法论，更是企业价值观的内在体现和精神核心。

企业文化是企业哲学的外在表达，如唱企业歌、喊企业口号等，企业哲学是企业文化的核心和动力源泉。同时，企业文化也是对企业哲学的宣传和深化，需要企业的全体员工参与，并贯穿在企业经营的整个过程中。

企业经营从根本上来说，就是解决人与人之间的利益问题，即领导与员工、员工与消费者、员工与员工之间的各种利益问题。企业哲学使经营者有效地协调经营与需求之间的利益问题。

企业哲学思想是企业活动的灵魂，是企业行为的灯塔，它是一只无形的手，支配着企业的规章制度、组织结构、战略决策等。经营哲学是企业哲学形成的基础之一，从日常运营的细微之处到宏观的战略布局，无不体现出经营哲学思想；企业的发展或停滞、成功或失败，都与经营哲学思想的正确与否息息相关。这些企业经营思想无不扎根于企业经营者的人生哲学之上，而企业文化又与企业经营者的人生理念息息相关，因此企业哲学是企业文化的核心。

5. 构建企业哲学的意义

企业哲学主要是企业的理想、信念、人本观和价值观，它们主导并制约着企业文化等要素的发展方向，左右着企业的生存观、发展观和效益观。

构建企业哲学，对企业的经营活动具有十分重要的指导意义。因为企业哲学是从企业长期的生产经营实践中高度概括出来的，同时又指导企业生产经营实践活动。

构建企业哲学，离不开实践，否则就失去了其现实意义。有了清晰的企业哲学，还必须付诸实施，加以展现，才能深植于整个组织成员的心中。企业的全体员工都应该清楚企业哲学，将它与实际状况及当前问题相结合，明白遇到问题应该用哪种模式去思考，他们哪些行为与组织的信念相符，哪些不符。唯有通过这样的经营方式，才能健全并巩固企业哲学，促进公司的健康发展。

事实证明，掌握了企业哲学的人是屡战屡胜的，掌握了企业哲学的企业才能在激烈的市场竞争中胜出。

（二）科学

哲学是对具体科学的概括和总结，科学是关于自然、社会和人类思维的知识体系，是人类生存、生活、生产等一切活动在进步和发展过程中实践经验的总结。各门科学都是研究客观世界在发展过程中阶段性的运动模式，科学的任务就是揭示宇宙间一切事物变化和发展的客观规律，是人类探求真理和改造世界的有效措施。

科学也是企业经营的手段，科学的经营是实现生产和经营活动的有效途径，是实现企业经营目标、保证企业核心竞争力的重要抓手。科学在企业经营中起着重要作用，它包含科学精神（证伪精神）、科学手段（体制、制度、会计系统等）两个方面。

证伪精神就是坚持一种怀疑、批判、创造的科学精神，值得每个人用一生去运用和践行。人由于自身存在局限，也就只能认识有局限的真理。普通人活不过百年，宇宙早已百亿年，时间能去伪存真，因此目前认识世界最佳的方式是科学。我们无法确定结论是否永久有效，但可以确定的是，在经验之内得到这些结论，也可以在经验之内证明这些结论的正误，这就是证伪主义。

科学的发端在于问题的出现，科学研究就是发现问题、解决问题。对旧事物大胆挑战，发起质疑和猜想，试图找到解决的办法，是寻求真理的第一步。

太极理论也是一种科学理论。相对客观有主观，相对唯心有唯物，相对微观有宏观，相对矛盾有统一。有所变有所不变，有绝对的相对，也有相对的绝对。矛盾是绝对的相对，统一是相对的绝对。变和不变、绝对和相对，既矛盾又统一。

1. 科学运营

科学经营就是用科学精神、科学手段和科学方法去经营企业。在太极经营理念中，科学精神包括独立思考和证伪精神。独立思考是指独立面对所有事自行思考解决方案、独立实践，既不依赖于任何外在的精神权威，也不依附于任何现实的政治力量，在对真理的追求中具有独立判断能力，在实践的参与中具有独立自主精神，控制情绪的能力较强，有较强的理性分析能力，注意维护自己参与决策的权利，社会参与程度较高。

独立思考是一项很重要的能力，简单来说，独立思考就是遇到问题能自己找答案，不要找别人要答案。更深层次地说，独立思考指的是一种洞察力思维，因为只有当你抛开了外在已有答案，同时也抛开内在已有答案的时候，你才是在真正意义上的独立思考，这种思考就是一种洞察力的思考，是一种透过现象看本质的思考。

美国密执安大学的一位教授做了一个很奇妙的实验，把一群蜜蜂和苍蝇装进同一个玻璃瓶里，把这个瓶子横着放，然后让瓶底朝着窗口，会有什么样的结果呢？实验发现，那些向来善于飞翔而又很勤劳的小蜜蜂会不停在瓶底附近飞啊飞，一次次地撞到瓶底，企图找到出口，直到精疲力尽而死去。那苍蝇呢？它们可不管是瓶底还是瓶口，也不管哪边光线更亮，就在瓶子里乱窜，结果不到两分钟，纷纷从瓶口逃之夭夭。你是不是感到特别奇怪，怎么会是这样的结果呢？难不成苍蝇比蜜蜂还要优秀？

我们都知道蜜蜂和苍蝇的眼睛，都有许多独立的小眼紧密地排列在一起，也就是复眼。复眼能辨别太阳的方位，确定运动的方向。人们也根据复眼的结构和原理，发明了一种航海导航仪器，无论是暴风骤雨的天气里、还是暗沉的黄昏里，依靠导航仪船就不会迷失方向。蜜蜂平时就靠复眼准确无误地找到蜂蜜，然后回到蜂巢。所以问题并不出在眼睛上，那么问题出在哪呢？

原来，瓶底是朝着窗口的，所以蜜蜂在有光亮的这边不停地寻找出口，却碰上了蜜蜂不认识的玻璃，对于阳光的敏感和执着使它们并未飞去瓶口，就是位于黑暗处的出口。而苍蝇四处乱窜，到处碰壁，瓶子这么小，碰上瓶口的机会就很多，于是这一群"莽夫"就这样获得了自由。

这个实验被解读为要不断地试错、冒险，尽情发挥寻找不同的途径，而不能一根筋地去解决问题。

怎么来看待这个结论呢？蜜蜂在这种情况下过于一根筋，导致它们吃亏。但是苍蝇呢？它们并没有比蜜蜂聪明或愚蠢，其实它们也是一根筋的，只不过当时的实验模式对苍蝇更有利。如果将玻璃瓶换成一个暗箱呢？暗箱开很多小孔透进一点点的弱光，把苍蝇和蜜蜂放进去，结果会怎么样呢？肯定是蜜蜂会顺着光飞出来，这时候乱飞乱闯的苍蝇能飞出来吗？估计会有很多苍蝇都会累死在里面。为什么呢？因为只是靠乱飞乱撞刚好碰到那个小孔的概率是很低的，箱子越大，苍蝇能飞出去的概率其实也就越低。若只是一根筋，完全依靠以往的经验，总有一天会倒霉的。所以这个实验最重要的结论是要具有独立思考的能力。

《了不起的盖茨比》的作者菲斯杰拉德曾经说："检验一流智力的标准，就是看你能不能在头脑中同时存在两种相反的想法，而且还能维持正常行事的能力。"没错，一流的智力绝对离不开独立思考的能力。

大多数人认为，科学是一个建立在可检验的解释基础上，对客观事物的形式、组织等进行预测的有序知识体系，是已系统化和公式化了的知识。但是在大多数情况下，许多科学理论并没有办法去证明它是完全正确的，也无法完全证明它是错误的。因为科学理论无法穷举，而且理论可以被很多例子证实，但只要找出一个与理论相悖的例子，那这个理论就是不成立的，所以证伪比穷举证实更重要，也因此证伪精神显得尤为重要。

有了科学的精神，需要科学的手段和方法去实践。在太极经营中，科学的手段就是运用体制系统,科学方法就是运用算盘系统,这样就形成了科学运营的一个整体。有了科学的精神,加上太极经营特有的科学手段和方法,科学运营能让企业从站起来到富起来,并走向强起来。

2. 科学运营三步法

在太极经营的科学运营中,每一步都至关重要,需要精心设计和执行。要想做到科学运营,就需要有关键的步骤和节奏。在太极经营中,科学运营分三步。

第一步,用科技精神设定目标系统。在设定目标系统时,我们需要运用科技精神,明确企业的使命、愿景和价值观。科技精神强调创新、开放、协作和可持续性,因此,我们的目标系统应该充分体现这些价值观,引导企业走向成功。

首先,我们要确定企业的使命,即企业存在的根本原因。这可以通过分析市场趋势、竞争对手和客户需求来确定。例如,一家科技公司的使命可能是"通过创新的技术解决方案,为客户提供卓越的体验"。接下来,我们要明确企业的愿景,即企业希望在未来实现的目标。这可以通过设定具体的业绩指标和里程碑来实现。例如,一家科技公司的愿景可能是"成为全球领先的科技企业,为客户提供最先进的产品和服务"。最后,要确定企业的价值观,即企业遵循的基本原则和信念。这可以通过制定行为准则和道德规范来实现。例如,一家科技公司的价值观可能是"创新、开放、协作和可持续性"。

第二步,用科学手段设定体制系统。在设定体制系统时,需要运用科学手段,确保企业内部各部门之间的协调和合作。科学手段强调数据驱动、量化分析和持续改进,因此,体制系统应该充分体现这些价值观,提高企业的运营效率。

在这一步,先要分析企业的组织结构,明确各部门的职责和权限。这可以通过制定组织结构图和职位说明书来实现。例如,一家科技公司的组织结构可能由研发部、市场部、销售部和运营部组成。接下来,要制定各部门之间的协作流程,确保信息共享和资源分配的顺畅,这可以通过制定协作流程和权限矩阵来实现。例如,一家科技公司的协作流程可能是"研发部提供产品需求,市场部制定营销策略,销售部负责销售,运营部负责运营"。最后,要建立绩效评估体系,激励员工提高工作效率和创新能力,这可以通过制定绩效指标和激励机制来实现。例如，一家科技公司的绩效评估体系可能是"研发部按照新产品数量和质量评估，市场部按照销售额和市场份额评估，销售部按照销售业绩评估，运营部按照运营效率评估"。

第三步，用科学方法建立算盘系统。在设定算盘系统时，需要运用科学方法，确保企业财务的稳健和可持续。科学方法强调数据驱动、量化分析和风险管理，因此，算盘系统应该充分体现这些价值观。

这一环节需要明确算盘系统的目标和需求。这可能包括跟踪销售数据、管理库存、分析财务报告等，需确保企业及相关部门清楚需要解决的问题，并制定相应的策略。

收集所有必要的数据是建立算盘系统的第一步。需要收集与财务相关的所有数据，包括收入、支出、成本、利润等，确保数据的准确性和完整性至关重要。在收集数据后，需要将其处理成可用的格式，这可能包括数据清洗、转换和标准化。要使用科学的方法来处理数据，确保数据的准确性和可靠性。

数据分析是算盘系统的核心。需要运用各种分析工具和技术，例如比较分析、趋势分析、财务比率分析等，以了解数据的含义和趋势。通过数据分析，可以发现潜在的问题、机会和风险。

建立一个可持续的算盘系统需要不断改进和更新，需要定期审查数据和分析结果，并根据实际情况调整策略和决策。通过持续改进，才可以确保算盘系统始终保持最佳状态。

为了使算盘系统得到充分利用，企业需要为员工提供培训和支持。这可以帮助他们了解如何使用系统，解决常见问题以及获取所需的数据。

保护数据的安全和隐私是建立算盘系统的重要方面。企业要采取适当的安全措施，例如加密、访问控制和安全审计等，以防止数据泄露和保护企业的利益。如果企业有多个系统或平台，则需要考虑如何将它们集成到算盘系统中，这可以确保数据的统一性，减少手动干预，提高效率和准确性。

最后，为了确保算盘系统的准确性和合规性，需要定期进行审计。这将帮助企业发现潜在的问题并采取适当的纠正措施，维护系统的可靠性和可持续性。遵循这些科学方法，企业可以建立一个稳健和可持续的算盘系统，以支持企业的财务稳健和可持续发展。

三、太极经营四大系统

"系统"一词来源于古希腊,即若干部分相互联系、相互作用,形成具有某些功能的整体,而这个有机整体又是它从属的更大系统的组成部分。太极经营由四大系统组成,如图3-2所示,分别为:哲学、体制、算盘、制度。

(一)哲学系统

企业的个性由哲学系统打造。思想引领行动,从哲学的概念中我们可以看出,哲学是指导经营活动的理论基础。无论是何种类型的经营,在制定计划、付诸行动的活动中,都是在一定的意识形态、哲学观念的引导下展开的。

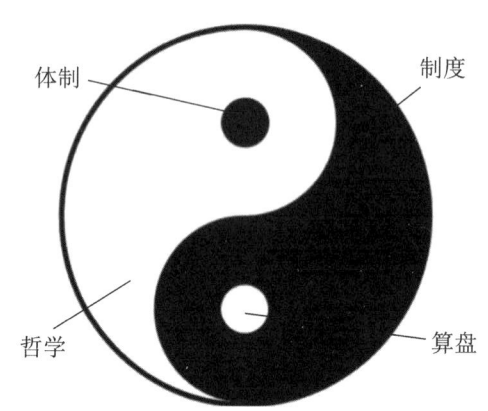

图3-2 太极经营四大系统

1. 哲学系统的核心价值

太极经营哲学立足于太极理论构建的东方思维哲学体系,这种哲学思想具有优越性、科学性和普遍性。

在这种哲学思想指导下形成的中国式经营文化,叫作太极经营文化。太极经营哲学的核心价值——公义、中和、自由,是中国特色的经营学核心内容之一。

这个核心价值在大自然中有生动的体现和实践。如阳光普照万物,万物阴阳消长、相生相克,人类、动植物都有其各自的生长周期,生老病死的轮回体现的是公平正义;地理上有东西南北中,适可而止也叫中,既独立又依赖叫和;地球上万物都按照规律自由地运转着,从生到灭。可以说,地球从白昼到黑夜,月亮有阴晴圆缺,大海有潮起潮落,一年有春夏秋冬,人有生老病死,都是遵照大自然的哲学规律在运行。

太极经营哲学中的阴阳经营思维也可以被称为辩证经营思维。这种阴阳对立统一的辩证认识论,被作为太极经营中的方法论。这种认识论、方法论伴随着太极经营系统中的每个人,以及处理各种具体事物的始终,形成企业独有的文化个性,这就是企业经营的哲学系统。

2. 核心价值在企业经营中的应用

身为企业家需要具有哲学家的思考与远见,能够提出经营需要的哲学。经营哲学就是人们常说的企业文化,指导企业经营不偏离企业设定的使命、愿景和核心价值观。它体现在制度规范、思维方式、企业品格等各个方面。

就像人具备人格一样,企业也需要有企业的品格。优秀的经营哲学可以赋予企业优秀的品格,因此,能够赋予企业优秀品格、赋予员工优秀人格的经营哲学对企业经营来说非常重要。

经营哲学的核心价值"公义、中和、自由"在企业经营中发挥着关键的作用,是企业发展壮大的底层支柱。首先,企业里每个人,不管是经营者还是各个岗位的员工,尽管职位可能有高低,但都是自由平等的;企业经营中运行的日常经营制度要符合公平正义的标准,不能违背国家的各项劳动保护和经营规范要求;最后,在企业的经营中,每个人是既独立自由又和谐统一的,在生产经营活动需要彼此联动、通力配合,达到内外调配、阴阳中和,在共同完成既定生产目标的过程中,实现个人和企业的同步发展。

(二) 体制系统

体制一般是指国家机关、企业、事业单位等的组织制度。在太极经营的体制系统中,最关键的是太极经营体制和它的工作流程,能有效解决企业经营的根本性矛盾。

1. 太极经营体制

太极经营体制是企业拥有的一套完整的太极架构和业务流程,包括打造实现高效经营的企业太极架构、建立标准经营和太极经营组织两个方面,旨在搭建企业的人才平台,提高企业经营效益。

（1）传统架构

传统企业的组织架构一般都是自上而下的矩阵，即由高层、中层、基层组成一个等级制管理结构，如图3-3所示。

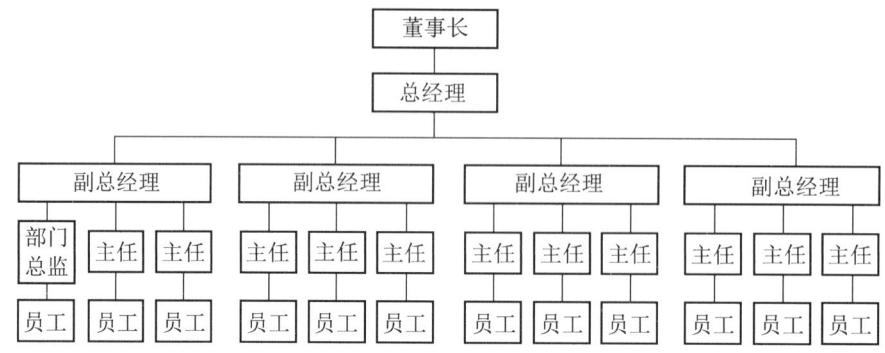

图3-3 传统企业组织架构

董事长位于金字塔顶，董事会的指令通过一级一级经营层，从董事长传达到总经理，从总经理到副总经理、各部门主管，最终传达到执行层；反之，基层员工的信息也通过一层一层筛选，最后才送达至最高层决策者。这种经营体制会造成链条过长、反应缓慢的结果。

更为严重的是，企业一旦确定层级式的经营组织架构，人与人之间、人与角色之间的关系都是确定的，上级向下级发布指令，下级向上级汇报工作。全公司兴衰系于董事长一个人，像火车一样，火车的运行全靠火车头的带动，企业也全靠董事长带动，存在很大的经营风险。

（2）太极架构

太极经营体制有效地解决了传统金字塔架构在现代经营环境下面临的各种问题。太极经营体制是一种动车式的经营体制，每节车厢都是前进的动力，形象地体现了太极思想的"一物一太极"。每个太极都有独立、自主活跃的能动力。太极经营体制中的太极架构如图3-4所示。

在太极架构中，企业经营委员会是核心的战略决策机构，相当于中枢部门，人员由董事长和各太极小单元主管组成，在企业经营中做出有关目标、计划、规则、制度等事项的重大决策。下设经营办公室和总经理办公室两个部门，分别统筹各太极小单元生产经营和服务保障工作。

经营办公室（简称"经办"）直接对应企业的经营工作，承担投资、盈利等功能，开展企业的生产、销售、仓储等工作。

总经理办公室（简称"总办"）为服务部门，承担企业外事、内事的服务功能，为各太极小单元提供对外公共关系、对内安全保障等相关服务。

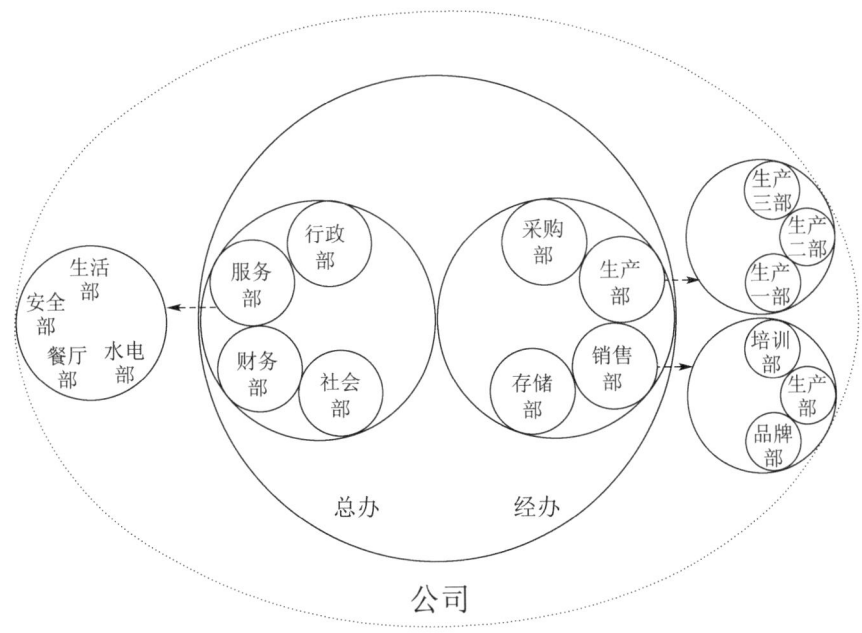

图 3-4　太极经营体制中的太极架构

（3）太极经营体制有效解决经营矛盾

太极经营体制可有效解决以下三大经营矛盾。

①分工和配合的矛盾

传统火车头式体制下各职能部门有较为清晰的分工，但如何配合是个难题。各部门如果按照权力大小和影响力排序，难免出现本末倒置的情况。比如，企业里的财务总监很强势，他不会站在客户的立场看问题，而是站在财务的规范化角度看问题，结果财务就不是为业务服务，而成为业务的一个经营者。

太极经营的动车式体制则把总部财务、行政、人事等职能部门安排成生产、销售等部门的服务部门，把其提供的服务作为产品卖给经营部门，有效解决了传统体制中分工和协同的矛盾。

②生存和发展的矛盾

太极经营体制把公司划分为两类：赚钱的经营部门、投资的经营部门。这样清晰的布局策略有效解决了企业生存和发展的矛盾，并从企业框架设置上就保障了部门的功能性，避免了可有可无的"鸡肋"部门，减少了企业不必要的经营成本。

传统的企业总是按照领导的意志来设置企业框架，在企业发展中非常容易盲目地新增部门和人员，一旦企业的效益跟不上，增加的部门和人员不仅没能促进企业的经营增长，还会成为企业发展的拖累。

③权利和责任、分工和协作的矛盾

太极经营体制是集权和分权的有机结合，它按照纵向层次把组织分为战略、战术、战斗级别，分别授以相应经营权，不同性质太极小单元的归属非常清晰，有效解决了企业经营中责任和权利的矛盾问题。

统筹和协调好经营中的分工和协同是企业发展中的重要一环。企业运作时，通过分工和专业化，各部门能够各司其职，就像不同工种的蜜蜂，能力不同，职责不同，术业有专攻。一般来看，分工是拆解、协作是结合，这样看来分工与协作本质上是一组矛盾。面对如此矛盾的状态，企业需要实现动态平衡，在分工与专业化、组织与管理之间寻找一个相对稳定而又灵活的状态，以实现生产力的最大化。

首先，分工与专业化需要在适度的范围内进行。应考虑合理的分工范围，确保每个个体能够拥有一定的全局视野，同时保持专业能力的提升。

其次，组织与管理需要灵活而高效。建立灵活的组织结构和管理机制，减少冗余和繁杂的流程，鼓励创新和快速决策。

动态平衡的关键在于不断地调整和改进。在动态平衡的过程中，通过评估关联性，可以确定任务的重要性和紧急程度，进而合理确定资源分配方案和设定任务优先级。通过不断地调整和改进，组织可以更加灵活地适应外部环境的变化，以及满足内部业务的发展需求。

通过太极经营，实现科学运营，就能解决好企业经营中分工和协同的矛盾，解决好权利和责任的矛盾，企业才能行稳致远。

2. 太极经营体制下的工作流程

(1) 太极小单元内部的工作流程

在太极经营体制下的企业，生产、经营等各太极单元内部也像一个小企业一样运转，按照各自的定位和责任目标，制定相应的工作流程，完成计划制定、任务分解、工作执行、评估反馈等经营全过程的内容，实现独立生产、独立会计核算和独立经营。

（2）太极小单元之间的工作流程

各太极小单元之间是既相对独立、又合作统一的竞争关系，在战略决策机构的领导下，各太极小单元之间服从企业的总体目标和大的经营架构，实现生产经营上的沟通、协作。而且各太极小单元之间的组合和拆分也十分灵活，可以根据公司经营需要及时地变动和调整。

（3）制定工作流程的标准

需要注意的是，对于各太极小单元之间和太极小单元内部的工作流程，还是要制定相应的标准。首先，要在明确目标的前提下，确保流程的高效性和合理性。其次，要考虑流程所涉及的全部部门（或岗位），把工作合理地安排给这些部门（或岗位）。最后，要确定流程的起始点与终结点，确保流程的完整性。高效的工作流程应符合下面三个要求。

①简单化

工作流程应简单方便好上手，实现企业人人可操作。首先，需要明确工作流程的目的和意义，以及涉及的部门和岗位。这有助于更好地理解流程，并能够更好地完善流程。

其次，要精简流程环节。在明确流程目的的前提下，尽量精简流程环节，缩短流程时间，提高工作效率。

最后，在绘制流程图时应该注重优化设计，包括布局、符号、文字等。这有助于提高流程图的可读性和易用性，简单易懂的形式方便所有的员工理解和熟练操作。

总之，制定工作流程的要点首先就是简单化，需要从目的、环节、设计展示、标准化、程序化等多个方面入手，并不断优化和完善，提高工作效率和质量。

②程序化

程序化的工作流程可以带来很多好处，比如提高工作效率、减少错误、提高质量等。制定程序化工作流程需要把握以下几个关键点。

一是在开始制定工作流程之前，要明确目标和规则，以便更好地规划工作流程，使其与预期结果相契合，避免出现不必要的问题。

二是通过使用自动化工具和软件，减少人工操作，提高工作效率和质量。例如，使用模板式的 OA 办公系统，工作的各个环节和进展都一目了然，可实现各流程的程序化。

三是制定工作流程时需要加入修正程序，在工作流程进行中要对程序进行质量检查，以确保最终成果符合预期。如果发现任何问题或错误，要及时进行修正。

总之，程序化工作流程是提高工作效率和质量的关键。可以通过明确目标和规则、制定详细步骤、标准化操作、自动化处理、多次质量检查以及总结和反馈，不断完善工作流程。

③标准化

工作流程往往使用固定图表形式进行规范，纳入企业内部工作制度，除战略决策部门外，一般员工改变不了。

工作流程的标准化非常重要。通过制定标准化流程，可以确保每个步骤都按照统一的标准进行，从而减少错误、提高工作效率和质量。

首先，要明确职责和权限。在制定流程文件时，需要明确每个环节涉及部门（或岗位）的职责和权限，让每个流程都责任到人，以避免推诿、漏报等情况。

其次，制定统一的流程顺序，对每个环节的执行方式、流程顺序和参与方责任等都进行规定，以确保整个流程的顺畅性和一致性。

最后，要确保唯一性解释。标准文件每处的解释都应该是唯一的，避免出现不同的理解或解释，这样既可以减少沟通成本和误解，又可以保证流程的权威性，除战略决策部门按照程序进行调整和解释外，其余员工都需要严格按照标准执行，保证公司决策的统一性和执行性。

总之，流程的标准化需要涵盖以上各个方面，确保整个流程的高效率、高质量和一致性。通过明确职责和权限、制定统一的流程顺序、确保唯一性解释、表述通俗易懂、制定最低工作绩效标准、制定规范的操作规程以及定期检查和更新等措施，可以不断完善标准化流程，提高工作效率和质量。

(三) 算盘系统

算盘是我国一种古老的计算工具,太极算盘指的是太极经营会计系统,用于企业的生产经营活动中。作为一种中式企业经营模式,太极算盘的现代化运用自然是必不可少的,也有着其独特的中式文化特点,能根据企业的运营状况来直接指导企业的生产经营,而传统的财务会计不能直接指导企业生产经营。

1. 太极经营会计系统

会计是现代经营的中枢,经营者要及时掌握企业的真实经营状态,就必须掌握经营会计系统。经营会计学的基本思维模式是追求事物的本质,对事物进行判断,然后回归到会计的原理进行判断,透过事物本质做出正确判断。

太极经营会计系统是一套基于牢固经营哲学的分部门(分产品、分项目)核算的会计体系。它是企业根据真实经营状况,运用会计的手法,通过数据核算,对各个太极单元(经营部门)实施统筹管理,旨在提升企业经营能力、经营收益与企业安定性的会计模式。

太极经营会计系统,重点就在于它强调平衡和协调。通过分部门核算,企业可以更清晰地了解各个经营部门的业绩和贡献。同时,它也强调统筹经营,旨在提升企业的整体经营能力和收益。

首先,太极经营会计系统可以提高企业的透明度,让企业更加了解自身的经营状况。其次,通过分部门核算,可以激发各个部门的积极性和创新能力。此外,统筹经营可以增强企业内部的协调性,提高效率。总之,太极经营会计系统可以帮助企业做出更明智的决策,从而增强企业的竞争力。

2. 太极经营会计系统与传统财务会计的区别

太极经营会计系统与传统财务会计的共同点是它们都不用流程做经营,而选择用数据来做经营。

它们的主要区别见表3-1。

表 3-1 太极经营会计系统与传统财务会计的区别

分项	太极经营会计系统	传统财务会计
构建原则	经营者意志	政策规定
应用对象	经营者	内外部利益相关者（股东/债权人/国家）
数据来源	实际经营数据	原始经营数据
会计作用	经营改善	财务稽核
报表设计	简洁、个性化	国家强制标准化

任何知识层面的人都可以比较轻松地学会并使用太极经营会计系统，而要想从传统财务会计中提炼出有效信息则需要拥有会计专业知识。

3. 太极经营会计系统的优势

和传统财务会计相比，太极经营会计系统的优势比较明显，具体如下：

①财务会计只能核算出一个企业整体的盈亏状况，而经营会计可以核算到每一个太极小单元的盈亏状况。这样经营会计就能细化地提出问题，哪个部门业绩好，哪个部门业绩差，一目了然，也能为业绩考核与激励提供翔实的数据支持。

②财务会计的专业术语较多，没有学过财务会计的业务人员会感觉理解困难，因而不容易去分析；而经营会计的会计科目根据企业经营的实态设置，科目名称简单、通俗，就好像是一个家庭的会计科目。太极思想中有一个重要点就是简易，简单易懂才能够引起使用者的兴趣，才容易被使用者分析和应用。因此，经营会计大大降低了会计的门槛，能够比较顺利地在企业得到普及和应用。

③财务会计按照一个月一个周期进行核算，而经营会计可以根据企业实际情况，核算到一旬、一周、一天，甚至每个小时。这样，业绩改善的频率会大大加快。

从以上三点可知，经营会计追求简单实效，很多对财务会计有畏惧心理的业务人员，甚至总监、副总等级别的经营人员，接触到经营会计之后都非常兴奋，因为之前他们如果不掌握财务会计专业知识，就无法分析出业务背后的问题，但通过经营会计进行分析就可以一目了然地找到原因。

4. 太极经营会计系统的重要性

传统财务会计是以企业持续经营为假设而设计出来的一套会计制度，这套制度的根本目的是规范企业记账行为，防止企业偷逃税款。所以，财务会计这门工具的出发点除了帮助企业厘清账务，还服务于政府税收部门的需要。

企业要想稳健地发展和成长，还必须建立一目了然、反映经营状况，而且能够彻底贯彻经营者意志的会计系统。建立一套清晰、有效的太极经营会计系统，能对企业的发展起到罗盘一样的指南作用。这套系统能够提供全面、准确的数据，帮助经营者了解企业的财务状况、业绩表现和未来趋势。通过这些数据，经营者可以做出明智的决策，制定合理的战略，以实现企业的长期目标。

太极经营会计系统能够提供关于企业运营状况的详细信息，包括收入、支出、现金流、利润率等各方面的数据。这些数据可以帮助经营者了解企业的经营状况，及时发现问题并采取措施。太极经营会计系统能够以清晰、直观的方式呈现数据，让经营者一目了然，快速掌握企业的财务状况和业绩表现，有助于提高决策效率，及时调整策略。

除此之外，太极经营会计系统能够根据经营者的需求和目标进行设计和优化。通过这个系统，企业经营活动能够彻底贯彻经营者的意志，经营者可以更好地掌控企业的运营，实现经营目标。

总之，建立清晰有效的太极经营会计系统对企业长期健康发展至关重要。通过这个系统，企业可以更好地了解自身的运营状况，制定合理的战略和决策，实现长期目标。企业要想走在发展的前沿，就必须建立符合经营理念的经营会计系统，改善会计资料，结算表必须反映经营状况的问题，这样才算是真正意义上的经营企业。

5. 太极经营会计系统中的三个表格

（1）太极核算表

通过太极核算表（表3-2），可以一目了然地核算出营业额（收入）、费用（支出）和边际利润，尤其是人/月劳动生产力的值，这是衡量企业核心效率的数值。

通过表格的测算,每个太极小单元都可以进行年、月、日的同期环比,分析是否有进步和提升。通过这张表的数据,和自己的周期比,可以看出是否有进步;与同企业的其他太极小单元比,能查看对公司整体贡献的占比,能测算出是否具有优势。

表 3-2 太极核算表

部门:　　　　　　　　　　时间:

	项目		金额(元)	占销售总额(%)	备注
营业额	对内销售产成品收入				
	半成品销售收入				
	其他收入				卖废纸等
	(招待/赠送等)产成品销售收入				
	销售退货				已销售出去的产品有问题进行退货的支出
	总营业额		—		
费用	原材料	半成品货物			
		原料、辅料			
		包装材料			
	低值易耗品	打包封箱用品			
		劳保用品			
		实验耗材			
		清洁用品			
		其他用品			
	燃料动力	电费			
		蒸汽分摊			
	办公用品	办公文具			
		饮用水			

续上表

项目			金额（元）	占销售总额（%）	备注
费用	物流费	货车费用			加油、保险、维修等
		汽运/快递费			不含物流部发货物流费
	差旅费	交通/住宿/餐饮费			
	损失费用	资产损失			
	产品检测费	外检/消毒			第三方检测
		产品检测费			实验室检测
	维修费	设备维修等			
	税费	增值税/印花税等			
	广宣费	广告费/会议费			
	其他费用				
费用总额				—	
边际利润（附加值）				—	
单位时间劳动生产力					（附加值）利润/总工时
周/月投入人员数					
人·周/月劳动生产力					（附加值）利润/人数

在太极核算表的基础上，按人力生产力、人时生产力各占百分之五十的权重计算员工薪酬。

（2）太极经营表

太极经营表（表3-3）是太极经营会计系统中的核心工具，旨在为企业提供一个清晰的财务状况概览。该表格详细列出了企业的各项财务数据，包括但不限于营业额、变动费用和固定费用等关键项目。通过这一表格，企业经营者能够简单地了解生产、销售状态。

表 3-3 太极经营表

部门：　　　　　　　　　　　时间：

	项目		金额（元）	备注
营业额	对内销售产成品收入			生产部卖给销售部或其他人员的产成品收入
	半成品销售收入			生产部生产半成品的收入
	其他收入			卖废纸等
	（招待/赠送等）产成品销售收入			
	销售退货			已销售出去的产品有问题进行退货的支出
	总营业额		—	
变动费用	原材料	半成品货物		
		原料、辅料		
		包装材料		
	低值易耗品	打包封箱用品		
		劳保用品		
		实验耗材		
		清洁用品		
		其他用品		
	燃料动力	电费		
		蒸汽分摊		
	办公用品	办公文具		
		饮用水		
	劳务费	生产计件工资（临时工）		
	物流费	货车费用		
		汽运/快递费		快递费
	差旅费	交通/住宿/餐饮费		

续上表

项目			金额（元）	备注
变动费用	损失费用	资产损失		
	产品检测费	外检/消毒		第三方检测
		产品检测费		实验室检测
	维修费	设备维修等		
	税费	增值税/印花税等		不含土地税
	广宣费	广告费/会议费		
	其他变动费用	其他费用		
	变动费用总额		—	
固定费用	人工开支	应发人员薪酬（基本工资+岗位福利+目标福利+其他福利等）		当期
		社保费（单位部分）		会计提供
	固定资产折旧	房屋/车辆/家具/电子设备等		会计提供
	无形资产摊销	土地		会计提供
	财务费用	银行短信服务费/手续费等		收到银行利息与手续费相冲
		代理记账费		
	通讯费	电话费		
		网络费		
	汽车费用	加油、洗车、保险维修等		公司用车
	公司分摊费	土地税/房屋税		根据上年预估，具体年底调整
	公关费	公关外事费用		
	其他固定费用			
	固定费用总额		—	实际产生的固定费用合计
经营利润			—	边际利润－固定费用

续上表

项目	金额（元）	备注
月投入人员数		月实际投入人数
人·月劳动生产力		边际利润/人数
边际利润率		边际利润/总营业额
变动费率		变动费用/总营业额
固定费生产性		边际利润/固定费用
盈亏平衡点销售额		固定费用/边际利润率
平衡点安全度		总营业额/平衡点销售额

太极经营表计算了收入、费用、经营利润、边际利润等重要指标，并通过月投入人员数、人·月劳动生产力等数据，评估企业的经营效率和盈利能力。这些数据不仅有助于企业各部门及时发现问题并采取措施，而且能够为经营者提供决策支持，确保企业经营活动能够贯彻经营者意志，实现经营目标。

通过太极经营表，企业不仅可以简明地了解自身的财务状况，而且对企业效率、存在的问题一目了然，为企业优化生产、制定经营方案提供了来自一线的报告书，有利于企业长期、稳健的发展。这一表格的设计充分体现了太极经营中"以数据经营"的理念。

（3）太极分析表

太极分析表的作用主要是从报表数据的盈亏差异分析中找出经营问题，及时调整企业的经营策略，同时抓住数据变动趋势，不断提高经营业绩。太极分析表分析的项目、目的和内容重点见表3-4。

表3-4 太极分析表分析的项目、目的和内容

部门：　　　　　　　　　　　　时间：

分析的项目	分析的目的	分析的内容重点
经营利润差异分析	对计划的利润在实绩中的变化及其原因等事项进行分析，明确金额及比重	1. 经营利润销售额差异 2. 经营边际利润率差异 3. 经营利润固定费差异

续上表

分析的项目	分析的目的	分析的内容重点
损益项目类别的差异分析	按照项目类别，将计划损益表与实绩损益表的各个项目进行单纯的比较，理解其差异及金额的大小	1. 销售额差异边际利润差异 2. 经营利润差异 3. 边际利润率差异 4. 经营利润率差异
边际利润率差异分析	边际利润率是左右企业损益的重要指标，也是显示企业市场竞争力的指标。通过该项分析可以理解边际利润率变化的根源	1. 商品（产品）结构差异 2. 变动费用项目类别差异 3. 商品（产品）成本构成要素差异 4. 异常变动费项目产生的分析
生产力差异分析	生产力支持着收益，因此通过分析计划的生产力和实际的生产力，可以把握差异及其诱因，从而追究利润和利润率变化的根源所在	1. 劳动生产率的差异 2. 人·月劳动生产力的差异 3. 设备生产率的差异 4. 面积生产力的差异 5. 资金生产率的差异
盈亏平衡点差异分析	通过了解计划的盈亏平衡点在实绩中的变化来认识企业的收益结构（销售额边际利润率与固定费的相对关系），追究问题的根源所在	1. 盈亏平衡点差异 2. 盈亏平衡点安全度差异 3. 盈亏平衡点结构差异

运用太极分析表分析的项目主要涉及五项内容：经营利润差异分析、损益项目类别的差异分析、边际利润率差异分析、生产力差异分析、盈亏平衡点差异分析。

经营利润差异分析的目的在于对计划的利润在实绩中的变化及其原因等事项进行分析，明确金额及比重。

损益项目类别的差异分析的目的是按照项目类别，将计划损益表与实绩损益表的各个项目进行单纯的比较，理解其差异及金额的大小。

边际利润率是左右企业损益的重要指标，也是显示企业市场竞争力的指标。通过对边际利润率差异的分析可以理解边际利润率变化的根源。

因为生产力支持着收益性，所以通过生产力差异分析，将计划的生产力和实际的生产力进行比较，可以把握差异及其诱因，从而追究利润和利润率变化的根源所在。

通过盈亏平衡点差异分析，了解计划的盈亏平衡点在实绩中的变化，可以认识企业的收益结构（销售额边际利润率与固定费的相对关系），追究问题的根源所在。

6. 太极经营会计系统的财务原则

企业的财务经营原则是建立健全企业内部财务经营制度，做好财务经营基础工作，如实反映企业财务状况，依法计算和缴纳国家税收，保证投资者的权益不受侵犯。

太极经营会计系统的财务原则，目的就在于确定企业内部的财务关系，即企业内部各太极小单元和各太极小单元之间在财务经营方面的权责分工及利益分配关系。通过这种方式，企业可以更好地管理财务活动，提高经营效率，并确保财务信息的准确性和透明度。

在太极经营会计系统的框架下，企业需要遵循的财务原则包括以下关键点。

第一，要做到权责分明。企业内部各部门应该根据各自的经营范围和职责，明确其在财务活动中的权利和责任。各部门应该清楚自己的权限范围，并按照规定的程序行使权利，确保财务关系的公正和公平。

第二，效益优先。企业在经营过程中应该以经济效益为核心，以盈利为目标。在制定财务决策时，企业应该优先考虑投资回报率、利润水平等经济效益指标，以确保资源的合理配置和利润的最大化。

第三，做到资源共享。企业内部各部门之间应该合理分配和使用资源，并实现资源共享和协同发展。通过优化资源配置，企业可以提高整体运营效率，降低成本，并实现更佳的效益。

第四，要保证企业的稳健发展。企业在追求经济效益的同时，应该注重稳健发展，控制风险。在财务决策中，企业应该充分考虑风险因素，制定稳健的财务策略，确保企业的财务状况稳定和可持续。

第五，财务制度务必合法合规。企业的财务活动应该遵守国家法律法规和相关政策，确保合法合规经营。企业应该建立健全的财务管理制度和流程，确保财务信息的真实、完整和准确。

总之，太极经营会计系统的财务原则可以使企业更好地协调内部各部门之间的财务关系，明确权责分工，并实现资源共享和协同发展。这将有助于提高企业的经营效率和质量，实现长期稳健的发展。

（四）制度系统

太极经营制度系统是以经营理念为核心，与各部门独立核算制度、人事考核制度、教育培训制度相配合，包含三位一体、相辅相成的综合人才培养体系的制度系统。下面主要介绍系统中的行政制度和薪酬制度。

1. 行政制度

太极经营模式离不开哲学系统，太极经营制度系统中的行政制度的设计逻辑其实是对哲学系统的实践。太极经营体制下的企业要基于经营哲学设计行政制度：一是通过对哲学系统的理解和运用实践来实现太极经营，二是要用数据的变化来验证经营哲学系统。

太极经营既重视结果，也十分看重过程，因此会反复强调经营部门在整个经营过程中的重要性。经营部门的主要工作就是经营过程，如果把过程经营好，那么良好的结果就会自然而然地呈现出来。也就是说，企业经营既要重视结果，也要重视过程，甚至认为过程比结果更加重要。正所谓"种好因就会有好的结果"，所以太极经营非常重视制度系统中的行政制度建设。在企业的日常经营中，用制度做事，才能使工作顺利进行。

太极经营制度系统中的行政制度，有别于其他管理体制下的行政制度，其最大的优势就是赋能领导力，主要表现在以下关键环节。

（1）成长

传统领导者把大部分精力放在组织的绩效增长上，而赋能的领导者把更多的精力放在员工的成长上。因为个人的绩效是短期的，而要维持组织的绩效增长是长期的工作，取决于员工是否得到持续的成长。员工持续的成长要求领导者也要持续地成长，并且要比员工更快地成长。

（2）授权

公司如果不给员工授权，就会剥夺员工在工作中锻炼成长的机会，长此以往，必然会导致员工的离职。充分授权意味着给员工充分的决策权，让员工在工作中找到创业的感觉。企业与员工互根互用，这与太极的理念是一致的。

在太极经营模式下，企业与员工之间从商业交易转变为互惠关系，能最大限度地激发员工的才智和潜能，使其收获更多的工作乐趣和成就感。

（3）成就

传统领导者最大的成就感源自组织绩效，而赋能领导者最大的成就感源自员工的成就感。也就是说，赋能领导者的成就感不仅源自组织绩效，也源自支持、辅导下属取得成功。帮助每个员工寻找隐藏在工作中的成就感，包括给员工足够的施展空间、必要的支持指导和一定的资源保障等，是赋能领导者的重大责任。

（4）方法

领导者会给精英员工充分的授权，让他们在工作中找到足够的成就感，也会帮助员工在工作中掌握做事的方法，也就是"授之以鱼，不如授之以渔"。

在组织中，培养人才和普及工作方法的最佳策略不是培训，而是各级领导者亲自带领团队，用有效方法解决实际业务问题，在工作中持续强化和固化方法，让下属主动成为有方法的人，这才是充分授权的前提和保障。

（5）迭代

多变的互联网时代已经不能容忍企业先做需求分析，再做设计，而后开发和测试的工程化思想，取而代之的是生物成长代谢式的迭代思想。在开发产品时先做一个简单的原型，可以称之为最小化可行性产品（MVP），然后把MVP当作与用户沟通和寻求反馈的工具，快速迭代，不断修正产品，最终适应市场的需求。

这种敏捷迭代的思想还可以泛化，作为赋能领导者的重要理念和做事方法。当开始有想法的时候就要快速行动，行动见效后就马上复盘和反思，采取必要的纠正措施，同时融入新的想法。如此不断迭代，直到把业务模式打造成熟。在这个过程中，每一名参与的员工都在成长，领导者自己也在成长，最终促成企业的成长。

2. 薪酬制度

企业应以培养人才、激发员工潜能为一项基本原则，在公平、公正、公开的经营平台上，将物质激励与精神褒奖相结合，建立规范的、有激励机制的薪酬制度。

（1）薪酬基数

太极经营制度系统中薪酬制度主要指三阶五级制，这是按照太极经营模式将员工分为基层员工、中层管理、高层管理三个阶层，每个阶层的薪酬基数又分为五级，薪酬基数基本在三阶五级内实现浮动和升降，薪酬层级表示例见表3-5。

表3-5 薪酬层级表示例

层级		一档（合格）	二档（较好）	三档（好）	四档（良）	五档（优）
高层管理	1	10800	11400	12000	12600	13200
	2	9900	10450	11000	11550	12100
	3	9000	9500	10000	10500	11000
	4	8100	8550	9000	9450	9900
	5	7200	7600	8000	8400	8800
中层管理	6	5400	5700	6000	6300	6600
	7	4950	5225	5500	5775	6050
	8	4500	4750	5000	5250	5500
	9	4050	4275	4500	4725	4950
	10	3600	3800	4000	4200	4400
基层员工	11	3240	3420	3600	3780	3960
	12	2970	3135	3300	3465	3630
	13	2700	2850	3000	3150	3300
	14	2430	2565	2700	2835	2970
	15	2160	2280	2400	2520	2640

（2）薪酬公式

薪酬＝基本工资＋岗位工资＋目标工资＋福利

基本工资：主要参照各地的最低工资标准，按行政制度考核。

岗位工资：由岗位工作量决定，在考核办法中主要考核两项内容，一是对比岗位清单，做了什么；二是做错了什么。

目标工资：目标工资＝目标工资基数×盈亏平衡×安全度；目标工资的意义是把员工变成小股东（安全度越高，目标工资越高）。

福利：包括各项过节补贴、奖金等。

（3）薪酬模式分类

太极经营制度系统中，主要有以下三种薪酬模式。

①高弹性模式

这是一种激励性很强的薪酬模式。在这种薪酬模式中，固定部分比例比较低，浮动部分比例比较高，绩效薪酬是其主要组成部分，基本薪酬等处于次要地位，所占的比例非常低（甚至为零）。在这种薪酬模式下，工作业绩的好坏决定了员工获得薪酬的多少，高绩效的员工获得高薪酬，绩效差的员工获得低薪酬，甚至零薪酬。

②稳定模式

此薪酬模式稳定性强，薪酬结构的主要组成部分是基本薪酬，绩效薪酬等处于非常次要的地位，所占的比例非常低（甚至为零）。薪酬中浮动部分较少，固定部分比例较高，员工的收入非常稳定，目标达不成也能获得接近全额的薪酬。

③调和模式

这是一种激励性与稳定性并存的薪酬模式，这种模式下，绩效薪酬和基本薪酬比较平衡，各占一定的比例。当两者的比例处于不断调和与变化的状态时，这种薪酬模式可以演变为以稳定为主的模式或者以激励为主的薪酬模式。

四、太极经营的特征

（一）太极经营的核心：用制度管事

经营是从无到有、从小到大、从不发展到发展、从不安定到安定的创造过程；是通过计划、组织、指挥、协调、控制，以及创新等手段，结合人力、物力、财力、信息等资源，高效地达成组织目标的过程。

太极经营模式的核心就是用制度管事，本质就是把企业整体划分为一个个太极，每个生产、经营、服务单位划分为一个太极小单元，每一个太极小单元都可以自主经营、独立核算、自负盈亏。为此，在划分太极的过程中需要遵循一定原则，即"能够独自完成一道工序并创造市场价值"。具体而言，每个太极小单元都要保证具有"服务企业战略、最大限度划小、独立核算、独立完成业务、责权利一致性"的特点。

在太极经营模式下，组织架构的构建不是以部门职能为标准的，而是以工作流程为中心，因此，即使是最基层的太极组织也能够最大限度地为公司整体发挥能量。组织架构细分之后，各项工作的责任落实到具体员工身上，可以激发其经营自家企业的意识，从而促使员工以更加积极、主动的态度进行工作，并在公司内部传递这种正能量。

一般而言，在传统职能式的企业经营模式下，组织架构一经确定便会长期保持不变，稳定而僵化。与传统模式相比，太极经营模式下的组织规模虽小，但灵活多变。在经济环境变化迅速的今天，一成不变的组织架构已经难以适应市场的需求了，小而灵活的太极经营模式有着巨大的活力和发展空间。

（二）太极经营与承包经营的区别

太极经营将企业划分为一个个太极小单元，容易被误认为就是在搞部门的承包责任制。从本质上讲，太极经营与承包经营在责权利以及长短期利益平衡、资源利用等方面都有着本质的区别，尤其在利益分配上，承包经营是承包者的利益最大化，而太极经营是利益全员共享。太极经营与承包经营的区别见表3-6。

表3-6 太极经营与承包经营的区别

区别	太极经营	承包经营
责任	以培养人才为核心目的，同时实现利润最大化	追求利润最大化

续上表

区别	太极经营	承包经营
权力	经营过程事前计划、事中经营、事后评价，系统控制分权风险	财权、人事权集中
利益	利益全员共享	承包者利益最大化
长短期利益平衡	既关注短期利益，更关注长期利益	关注短期利益，急功近利
大局观	关注局部利益同时服从全局利益	局部利益最大化，各自为政，打小算盘
资源利用	合理利用资源，资源集纳度高	透支资源，资源集纳度低

（三）费用最小化与成本控制的区别

太极经营的目标是要实现费用最小化，但并不是简单的成本控制，和一般企业设立的为企业成本和费用承担控制、考核责任的成本中心有本质的区别。

1. 目标不同

一般企业设立的成本中心是企业进行成本控制的具体战略实施部门，其负责人不具体关心"收入"，只要求公司"成本"让老板满意，即为了达到上级下达的降本目标而单纯地去降成本。

而在太极经营中，成本控制不是终极目标，费用最小化才是。由于员工的个人收入与太极小单元的效益直接挂钩，大家不仅要考虑如何降低成本，还要考虑怎样增加产出，并实现费用最小化。员工不再从完成降低成本目标的角度去思考企业的成本管控问题，而是站在经营者的立场，主动改善太极小单元的经营绩效，增加有效产出，实现成本和经营的良性发展循环。

2. 核算范围和形式不同

成本中心模式的核算范围比较简单，一般只要求核算企业经营过程中发生的直接总成本。太极经营模式则要求以货币形式，精细划分经营企业内部所有的资源，把与太极经营相关的资源、服务、产品、成本费用等都量化成有价资源，并全部纳入太极的成本管控中。

成本中心模式的核算形式比较单一，不存在各成本之间的市场交换关系。而太极经营模式则需要形成内部交易价格体系，比如产品销售价、物资采购成本、内部收购服务价和项目契约价。各太极小单元之间都可通过"买卖""服务"和"契约"等关系实行有偿经营，并能够对各太极小单元的收入与支出进行及时核算。

3. 核算方式和管控阶段不同

成本中心模式的核算仅针对成本中心内部；而在太极经营模式下，企业会以"经营链"为纽带，内部各太极小单元自然形成买卖、服务和契约三种交换关系，实现企业内部的顺畅经营。

在管控阶段上，成本中心模式一般是在月底进行结算，成本控制属于延后控制。太极经营模式下则可以随时结算各项经营成本，更具灵活性，实现全流程、全方位的成本控制。

4. 员工参与度不同

成本中心模式下，员工只关心自己的成本，不关心公司的成本，对企业整体绩效敏感度不够，不能激发应有的潜能与激情。而在太极经营模式下，员工都以经营者身份参与企业经营，员工变得不再被动，企业的市场好坏、产量多少将直接影响到他们的经营收益，因而对整个企业的发展更为关注。这样，员工的主人翁意识更强，工作积极性和主动性更高。

5. 分配方式不同

成本中心模式下，由于成本中心的可控成本只需要对上一级责任中心负责，没有利润可言，传统薪酬分配方式对员工激励程度有限。在太极经营模式下，按照太极经营体的经营收益和经营项考核情况对太极经营体进行薪酬分配，太极经营体成员的实际收入与经营利润成正比，更好地实现了收入分配的公正、公平、公开。

(四) 太极经营与班组经营的区别

班组是指小的生产单位,班组经营是一个企业最基础的经营单元。太极经营是将一个个部门划分为太极小单元,企业小生产单位的组长转变为太极小单元的负责人,这个经营形式和班组经营看起来很相似,但实际上存在着很多本质的区别,具体如下。

1. 不同的经营方式

班组经营以完成上级传达的生产任务和保证产品质量为主要工作,班组长是生产劳动者,是技术骨干。传统企业没有内部市场的概念,产品的转移和交换不需要实行内部结算,班组也不会有利润的概念,绩效考核以传统的岗位责任制为依据。

太极小单元以经营成果为结算依据,将核算作为衡量员工业绩的重要指标。太极经营企业有内部市场和利润的概念,产品的转移和交换实行内部交易价格结算,绩效考核以每个太极小单元的经营利润为主要依据。

2. 不同的经营动力

班组经营执行上级下达的计划命令,是一种被动性经营。班组在班组长的带领下努力完成目标,保证质量,是一个以小组为单位的生产组织。太极经营模式充分尊重员工,有效激发每一名员工的主动性,使员工主动通过自我经营达成甚至超出目标。

3. 不同的经营内容

班组经营中,班组长一般只需要关心产量、质量、现场运行等生产情况以及执行上面下达的指令,不需要关心市场。而太极小单元负责人需要关注经营成果、资源的合理使用以及资源价格的合理性等经营状况。在结算上,太极小单元是经营核算的基本单位;在组织职能上,太极小单元是经营运作的最小主体;在薪酬分配上,太极小单元的经营成果是绩效薪酬的依据。

因此,太极经营与班组经营存在本质上的区别,太极经营是以各个负责人为核心来制定计划，并依靠全体员工的智慧与努力来完成的经营模式，不仅能够真正实现每个员工自主经营，更能促成企业最小单元的最高效能，实现员工个人和企业的双赢。

（五）企业的太极划分管理

如同太极思想的"一物一太极"，太极经营把企业划分为一个个太极，研发、生产、经营、服务单位均可划分为一个太极小单元独立经营。每一个太极小单元都可以以企业生产的产品、所在的行业或市场为基础，成为一个独立的决策者，自主经营、独立核算、自负盈亏，且每个太极小单元（部门）互根互用，阴阳兼容，分中有合，合中有分。每一个业务太极小单元都是作战模块，互相配合支援，才能实现公司整体效率的提升。

1. 太极划分的目标和原则

太极划分通过太极经营，把公司划分成若干个小集体，每个成熟的小集体都按一个小公司的方式进行经营，独立核算，自负盈亏，还要对最小的经营组织进行业绩评估。

太极划分的目标就是通过赋权经营的模式，最大限度地把经营权限下放到下级太极小单元，使与企业发展理念一致的经营人才在公司得到持续培养，并且使他们能够依据企业的经营目标、政策和制度，实现完全自主经营，充分发挥其生产经营的积极主动性，最终实现全体员工共同参与经营，创造高收益，以此成就员工，也减轻企业高层的经营压力。

太极划分，主要遵循"整体规划、分步实施"的原则，使太极划分方案能够发挥提纲挈领作用，并能够有效实施。"集中决策，分散经营"，强调在政策统一的条件下，充分授权给下级，强化其市场应对能力。

2. 太极划分的条件

太极划分前需要明确的三个条件：保证每一个太极小单元都能实现收支独立、业务独立和整体运行。

（1）收支独立

每个太极小单元都可以实现独立核算，能够计算出投入的成本和产出，并分析运转状态，评估收益，必要时调整生产计划。

（2）业务独立

每个太极小单元能够独立完成业务，并实现自主经营，形成计划、组织、实施、生产、控制的能力，能够直接面对市场。

（3）整体运行

每个太极小单元以企业的整体效益为前提，能够贯彻和服务于企业发展战略和经营方针。各太极之间相互沟通配合，以保证任务划分的合理性和人员配置的协调性。

太极经营模式中，各个太极小单元在确定同一个经营目标的前提下，实现整体运营，紧扣年度计划，按月度进行核算，全体成员掌握每天的经营情况。

3. 太极划分的维度

（1）按照价值链维度进行划分

即按企业的价值产出将业务功能组合起来，成立专业化的经营部门，将太极划分为费用中心与利润中心等。

费用中心，也可以叫作辅助增值太极，包括：人力资源、技术、研发、信息、设计、行政、财务、工程、后勤等。

利润中心，也可以叫作基本增值太极，包括：采购、生产、营销、仓储、售后等。

（2）按照产品维度进行划分

拥有丰富的产品品种，并且每种产品都能形成各自市场的大企业，可以按产品维度来划分若干太极，把与该产品有关的设计、生产、销售、服务、技术等业务活动，组织在一个产品太极之中，并且由该太极统筹管理。

（3）按照区域维度进行划分

按照区域维度划分的前提是企业规模比较大，具有销售地区广、工厂分散的特点，这样可以按照区域划分不同的太极。

(4) 按照顾客（市场）维度划分

如果企业不同的产品所面对的顾客类型和市场不同，还可按照顾客类型（市场）成立太极。这样，不管如何划分，每个太极都有自己的产品或服务，有自己的生产经营全过程，能为企业贡献出一份利润。

4. 太极划分的作用

通过太极经营，企业进行太极划分可以实现扁平化经营，不仅使企业经营人员的组织经营能力和决策能力在实战中得到提高，也更容易形成阴阳互补、彼此合作的团队；同时由于经营层级少，人员精简，各种设备、办公用品、办公空间及活动经费开支等都可减少，从而节约了经营费用，增加了员工和企业的利润，推动了企业的发展。将企业进行太极划分有以下作用：

①各个太极都有自己的产品和市场，既能够灵活自主地规划其未来发展，又能快速应对市场出现的新情况。所以，这种组织结构有高度的稳定性和良好的适应性。

②有利于企业领导层摆脱大量的繁杂事务，进而成为企业坚强有力的决策机构。同时，又能使各经营太极发挥积极性和创造性，从而提高企业的整体效益。

③有利于培养全面经营人才，为企业的未来发展做好人才储备。例如，各太极小单元虽然只是一个比企业小得多的单位，但是自成系统，独立经营，也相当于一个完整的企业，所以，其负责人与企业高层经营者一样面临和承受各种经营考验。

④划分太极既便于建立衡量太极小单元及其负责人工作效率的标准，进行严格考核，又易于评价每种产品对公司总利润的贡献大小，用以指导企业制定发展战略决策。

⑤有利于提高劳动生产率和企业经济效益。例如，按产品划分太极，便于企业组织专业化生产，形成经济规模，并能使个人的技术和专业知识在生产和销售领域得到最大限度的发挥。

⑥各太极小单元之间的比较和竞争，有利于增强企业发展的活力，促进企业的全面发展。

⑦各太极小单元自主经营，责任明确，有效实现企业的经营目标和自我控

制。在这样的条件下,企业高层领导的经营幅度便可以适当扩大。

5. 一个理想的太极小单元的特征

一个理想的充满战斗力的太极小单元应该具备下面这些特征:

①拥有独立业务。太极小单元是集独立业务或相关业务于一体的战略组织,在工作中可能与公司其他业务分开单独作业,各个单元相互独立。

②在大目标相同的情况下,可以完成区别于主要业务的个别任务,从其他方面为公司创造价值。

③在自己的领域有现实和潜在的对手,拥有市场竞争者。

④掌握公司资源的使用权,并且有能力创造新的资源。

⑤配备一位领导者,负责制定战略计划、利润指标,并且控制影响利润的大多数因素。

⑥领导者是通过每一个太极小单元的负责人和经营者层层选拔、民主选举产生。

⑦有相对的独立权和应有的公平性,能把利润和其他福利按照贡献大小分配给每一个人。

⑧可以独立计划其他业务,可根据市场变化扩展相关业务或开拓新业务。

五、三用主义

将太极理念应用于企业经营,可以帮助企业更好地发展。在实践中,企业需要通过企业文化提高凝聚力和竞争力,通过数值工具来实现高效经营和精准决策,并用制度来保障公司和谐有效运转。

太极经营的实质其实就是三用主义:用文化(哲学)育人、用数值经营、用制度管事。用好这三个工具,可以为企业创造更加稳定、健康、可持续的发展环境。

(一)用文化育人

企业好比大树,员工就是树上的枝叶,怎样才能枝叶繁茂,让大树生机盎然呢？关键在于文化的滋养、修剪、培育。企业文化的指导、约束、凝聚、激励、辐射功能在员工自我启发、自我教育、自我经营、自我提升的过程中，发挥着重要作用。

优秀的企业文化能够为员工创造一个积极的工作氛围，使员工从中得到启发和激励。通过这种熏陶，员工不仅能够深化内心的认同感，而且能够将这种认同转化为实际行动，从而加强自身的学习动力。员工将更自觉地投身于企业的生产经营活动，从而在职场上积累更多的经验和技能，为个人职业生涯增加筹码。同时，也为企业带来更高的效率和更大的经济效益。

1. 育人的核心是爱

太极经营文化（哲学）来自中国古人的智慧，是从中华上下五千年圣贤思想中得到的启发，并以此为基准来进行企业经营。太极文化中的阴阳思想，由"一阴一阳谓之道"，逐步演化为解释世界的"阴阳相荡""阴阳转换"……阴阳的产生、发展、运动和变化，最后都落实到一个代表美好追求、平衡稳定的"和"字上，即"阴阳调和"。

太极经营文化育人的核心，用一个字表达就是"爱"；用两个字表达是"利他"；用三个字表达是"爱他人"；用四个字表达是"道法自然"。太极经营积极提倡并认真践行"爱"的文化，强调"道法自然"和"利他之心"，始终以光明正大、谦虚之心对待工作，敬奉天理，热爱自然，关爱同事，热爱工作，热爱公司。

用太极经营文化指导行事的底层逻辑是既要遵循事物客观规律，又要关心他人，还要敢于创新，勇于自我否定并不断改进。强调正确地做事，果断地做出决策，努力高效地完成工作，公平地分配成果。先选择正确的事，再正确地做事，才是一种经营的理想状态。

无论做人还是做事，太极经营文化哲学讲究的是用"心"，契合太极思想的"宇宙之心"。企业必须致力于"心灵"的培育与管理，这样才能让员工深刻感受到个人幸福与公司进步之间不可分割的联系。只有坚持为全体员工谋求物质和精神两方面的幸福，才能使全体员工与企业同心协力，共同前进。

2. 结果 = 目标 × 心态 × 技能

由太极文化感悟到追求尽善尽美的程度，决定了一个人和一个公司的前景。当对一个目标有着强烈的持续的渴望时，苦苦思索，就可能在事先"清晰地看见"那个崭新的结果。相反，如果事先没有清晰的意向，就不会有相应的结果。这可以用一个格式表达：结果 = 目标 × 心态 × 技能。

"目标"是指从事工作时所持有的激情、追求成功的决心等因素的总和；"心态"则指对待工作的心理活动、精神状态和价值偏好；"技能"主要指遗传基因以及后天学到的知识、经验和技能。个人和企业能够取得多大成就，就看这三个因素的乘积。

其中，"技能"和"目标"，取值区间为 0 ~ 100。因为是乘法，所以即使有能力但缺乏奋斗目标，也不会有好结果；自知缺乏能力，却能以燃烧的激情对待人生和工作，也能比拥有先天资质的人取得更好的成果。心态取值范围则为 -100 ~ 100，改变思维方式，改变个人的心智，人生和事业就会有 180 度大转弯。有技能，有目标，但是心态出了问题，思维方式犯了方向性错误，仅此一点就会得到相反的结果。

3. 文化育人在经营实践中的体现

太极经营哲学中的文化育人，轻技能而重思想，尊权变而攘教条，着眼于长远经营而非眼前得失，观全局而不谋一域，以合理最大利润为核心，充分发挥员工和组织的自主性，通过不断地融合和思考，达到自我修炼、文化技能双提升的优质效果。在企业的经营实践中，文化育人具体体现在以下三个方面。

（1）将员工发展放在公司首位目标

太极经营文化将员工及其家庭的幸福作为公司第一目标，第二目标是合作伙伴的员工及其家庭的幸福，第三目标是为了客户，第四目标是为了社会，第五目标才是为了股东。

把员工的发展放在首位，也就是把造就未来、追求极致的人员放在了首位。这不仅极大地培养了员工的主人翁意识，并且在一荣俱荣、一损俱损的前提下，使员工有更大的意愿站在公司的角度去思考问题。

（2）培养具有经营者意识的人才，人人变成经营者

根据太极经营的原理，人人都可以在自己所属的太极组织内发挥经营者的作用。如同每一个小齿轮推动整个公司庞大机器的运转，每个齿轮的动力来自于员工或小组织，每个员工可以在不同的组织和环境中承担不同的角色，这样就将经营者的权威性和视角扩展到了每个个体，同时又消解了权威集中于个体的短视和局限。

同时，公司通过对员工进行定期的素质培养，让组织的新陈代谢趋于常态化。培养可以设定六个心理类的目标：提高心性、精益求精、正确判断、达成新目标、战胜困难、思考人生。这六个目标如同太极般可以细化出无数个小目标，从这些目标出发，完整勾勒出太极经营哲学下员工的心路历程图，涵盖了企业忠诚度培养、企业文化、责任意识、主人翁意识等多种主观驱动力的提升，让人人都具备成为优秀经营者的素质和能力。

（3）以心为本，道法自然

坚持将正确的事情用正确的方式贯彻落实，从"自我本位"转向"他人本位"，以"他人"为主体，自己是服务于他人、辅助于他人的。在这个过程中，要从"心"出发，以心为本，才能做对事、做好事。

在经营方面，以心为本意味着要关注内心，注重员工的情感和需求，并建立一种基于共同价值观和使命感的团队文化。通过了解员工的需求和情感，企业可以更好地满足并激发他们的工作热情和创造力。同时，建立一种积极向上的团队文化，增强员工的归属感和忠诚度，有利于提高工作效率和促进企业的长远发展。

在经营过程中，道法自然指要注意遵循市场规律和自然法则，不断调整和完善自身的经营策略和业务流程，以适应市场的变化和需求。同时，不过度追求短期利润，而应注重企业的可持续发展和社会责任，为社会和环境作出贡献。

总之，以心为本、道法自然的经营理念可以帮助企业更好地关注员工、市场和社会，建立一种积极向上的企业文化和可持续发展战略，从而实现长期成功和社会价值的最大化。

（二）用数值经营

通过数值工具来经营，运用好太极经营会计系统，可以帮助企业更好地开展

业务、适应市场环境，随时快速了解企业的收支情况和利润情况，提高决策效率和准确性，提升企业竞争力，提高工作效率，并加强风险管理。

1. 用数值决策

企业在初创时期，很多事情都是老板亲自决策，但是随着企业越来越大，企业人员越来越多，领导者每天面对成百上千份报表，却已经看不到企业的真实情况。如何让企业家用一种快捷的方式拿到自己想看的报表，了解到企业的真实情况？

这个问题实际上是企业规模与有效控制之间矛盾的集中体现，通过对企业进行经营分析可以很大程度上改善这一局面。经营分析有助于帮助企业充分挖掘现有数据并分析其内在规律，进而利用这些数字为企业经营和商业决策提供有力依据。

太极经营会计系统是一种根植于坚实企业哲学的会计体系，它通过分部门（分产品、分项目）的精细化核算，使企业能够依据真实的经营状况，运用会计技术进行数据核算。这种会计模式旨在通过对各个太极的经营实施，全面提升企业的经营能力、收益及稳定性，从而推动企业的长期发展和市场竞争力。

太极经营会计系统是企业经营策略的关键要素，它通过精确的数据支持，助力企业准确预测市场趋势，从而科学地制定经济和预算规划。这一过程为企业决策提供了坚实的数据基础，确保了决策的准确性和前瞻性。

太极经营强调立足于企业自身，用数值把握好企业资金的流向与企业的经营动态，努力提高企业经济效益；用数值明确地反映企业的经营能力，最大化地满足企业债权者与投资者的需求。

懂得用数值经营是提高企业经济收益和实现企业经营目标的重要环节，通过数值可以对企业经营和运行中出现的问题进行分析，为企业经营层提供有价值的预测、决策与考核资料。随着经济社会的发展和生产力的不断进步，科技创新也日新月异，市场竞争也越来越激烈，企业内部的经营与决策预测逐渐成为企业发展的重中之重。

数值经营在企业的运行中发挥着重要作用，主要体现在对过去运营成果的解析，对当前运营情况的判断、控制，以及对企业将来运营规划的决策。对企业过去运营的分析体现在对经营会计所提供的数据资料进行加工和延伸，满足企业经营决策的实际需求。对当前企业的运营进行控制是指对企业的经营情况进行严格的控制，使企业的决策能够依据相关标准进行。

决策活动是指对企业以后的生产运营可能面临的问题进行估计，如由企业经营层来决定企业未来生产什么产品，该生产多少，如何进行销售，制定什么价格等。这是企业经营的核心环节，对企业以后的行动进行选择，是关系企业未来发展的所在。

首先，企业为了实现制定的经营目标，要先决策、制定和选择最优行动方案。其次，对已决定的最优行动方案进行汇总和加工，制定企业在一段时期内的经营预算。第三，分析相关指标，制定责任预算，并将其作为开展经营的标准，保证全面预算的实现。第四，各责任中心应对预算的实际执行情况进行记录，并将其与规划目标进行对比，对各个责任中心与相关工作人员的工作成本进行统计。第五，通过对收集信息的反馈与评价，对企业运行的各个方面进行促进与协调，保证企业所制定决策的实现。

对未来经营的规划，即根据企业现已掌握的经济资源与其他资源，以及对历史资料与其他相关信息的掌握，对企业未来的生产运营趋势进行预测与估算。预测内容有成本、资金、销售情况、可得利润等，预测方式包括定价分析与定量分析。

总而言之，在当前的市场经济环境中，太极经营的数值经营对于强化企业经营，实现企业的最优经济利益具有重要作用。企业要想实现可持续发展，必须建立完整高效的数值经营系统，如此才能优化企业经营结构，实现企业的可持续发展。

2. 太极核算表和经营表的作用

太极经营会计系统直接为企业经营服务，其使命就是为企业创造高利润，通过太极核算表和经营表可以随时核算太极小单元的成本、利润等情况，帮助企业真正实现销售额最大化、费用最小化、利润最大化，打造获取高收益的企业经营体。太极核算表和经营表具体作用包括：

①迅速发现事业结构的问题，找出利润点和亏损点；
②洞察"费用黑洞"；

③使用会计报表明确各部门的权、责、利；

④运用会计报表把经营哲学落地；

⑤利用会计报表打破部门壁垒；

⑥利用会计报表做计划，激活人心；

⑦利用会计报表量化各个部门核心竞争力；

⑧利用会计报表迅速改善企业经营现状；

⑨利用会计报表进行公平、公正的评价；

⑩利用会计报表进行合理的分配。

3. 用太极经营会计系统指导经营

太极经营会计系统直接为企业经营服务，其使命就是为企业创造高利润。在实践中，企业需要用好太极经营会计系统来指导经营，找出帮助企业迅速提高经济效益的方法，具体包括以下几方面。

①拿到一份会计报表，要建立一种以终为始的思维，或者叫逆向思维，从最后一个考评指标开始分析，找出问题的所在，结合原点思维确立研究课题，最终解决问题，改善现状。

②分析某一个指标的时候，首先要结合关联公式，找到关联指标，然后通过关联指标进行抽丝剥茧和寻根究源的科学分析，找出问题并解决。

③企业一般要分析的指标有单位时间生产力核算值、人·月劳动生产力、经营利润、固定费用、边际利润、变动费用和销售额（销售净额、盈亏平衡点销售额）等。

④找到问题后，通过它们相关联的指标来寻求解决方案，并通过对各项明细的分析，坚持销售最大化、费用最小化原则，确定最佳的解决方案。

⑤一理通，万理明。如果企业经营利润下滑，只有两个原因：一方面是固定费用增加太多，另一方面是边际利润减少了很多。如果边际利润减少了，那么不是销售额太低，就是变动费太高。

找出问题，然后积极改善，如此企业才能进步，才能发展。从问题的关联指标入手，运用太极经营会计系统，就可以快速有效地解决问题，提升企业的经营利润。

(三) 用制度管事

1. 文化为魂,制度为骨

文化约束为德治,制度约束为法治。文化,是活动的记录、历史的沉积,是"魂";制度,是行动准则、法令礼俗,是"骨"。"魂"和"骨"相互支撑,相互渗透。太极经营设定了发展目标,并将文化细化、具化为制度,推动并保障目标的实现,真正实现用文化武装人思想,用制度指导人行动。

2. 制定制度,重在科学

制定制度是一个公司最基本的能力,好的制度可以让不好的人变好,让好的人更好。如果制度不清晰,就无法按章做事;如果制度不科学,就不能以理服人;如果制度不严明,就无法奖惩得当。很多优秀的企业制度,不一定适用于所有公司。

太极经营制度讲求从企业实际出发,结合企业文化、企业特性,科学、严谨,经得起推敲和质疑;简明扼要,清楚明白,行之有效,可操作性强。这种饱含太极观的科学合理的制度体系和完善有效的流程秩序,能确保经营顺畅高效。

3. 执行制度,重在严肃

制度面前没有特殊,制度的生命力在于不折不扣、公正公平地执行。太极经营制度制定后,从企业经营者到每一位员工都按照制度要求自己,以认真、较真的精神和态度,维护制度的严肃性。一切工作用数据说话,用数据评估,用数据考核,确保制度执行到位、落实到位,遵守"有章必循"的做事原则。

4. 督察制度,重在严格

一切事情制度化,一切问题公开化,一切工作比赛化,一切比赛奖惩化。太极经营制度的执行需要企业所有人自觉,更要靠严格的督察。每个人都有惰性,需要通过日常的督察来提醒、帮助和改进。太极经营制度中涵盖很多具体完善的细分制度:监督制度、审计制度、激励制度、奖惩制度等,对所有工作逐一检查、认真核实、审计评估，做到赏罚公正、奖惩得当，严防特权产生，规范企业每一个人的行为，调动企业每个员工的积极性。

5. 标准统一，以制治司

制度是讨论工作的依据，评估人的依据，考核人的依据，选人、用人、识人的依据。太极经营制度是软文化、硬制度，将所有工作制度化、流程化、标准化，与岗位职责、激励机制结合，把倡导的事情转化成制度，用制度约束人、经营人、监督人、调动人和激励人。

当用制度做事成为一种习惯，"制度"可能也就不复存在了，这其实才是按制度办事的最高境界。制度是绝情的，经营是无情的，执行是合情的。让员工因为完好的公司制度而成长，拥有正确的人生观、价值观并具备美好的品行，就是公司对员工最大的爱。

6. 新旧两种体制比较

（1）旧体制

传统组织结构中各个部门分管一部分工作，对本部门的经理负责，所有的部门经理对总经理负责。因此，所有部门的箭头都层层递进，最终指向总经理。

在这种结构下，客户被置之底层，通常只有总经理关注客户满意度，企业内其他员工只关心经理是否对自己满意。这种组织结构没有充分适应企业的发展战略目标，部门之间协作性差，效率低，工作需要向上级领导请示才能处理，领导压力比较大。

传统公司在组织结构上过度横向化，公司规模扩大，总经理还是直接经营采购部、财务部、生产部、技术质量部、营销部、人力资源部等各部门的部长，经营跨度过大，业务权限抓得过死，总经理想放权却又缺乏有效的经营方式。公司组织结构没有以业务流程为主导，仍旧以职能为主导。因此，随着公司业务的发展和规模的扩张，组织结构需要改革。

（2）太极经营体制结构

太极经营强调用制度做事，科学制定制度，严肃执行制度，严格督察制度，企业有法可依、有法必依，有章必循、有惩必罚，用制度规范企业每一个人的行为，促进企业经营；用制度激励员工以更高的工作激情来做事；用制度谋求企业发展，保障发展目标的实现；用制度把企业的蓝图变成现实。太极经营体制结构体现在以下几方面。

①太极经营体制结构根据公司运行体系要求，重新确定公司经营班子。合理划分和组合公司各部门，采购、生产制造、营销都可成为利润中心，并明确各自的职责。

②赋权式的经营结构。在总公司领导下设立多个事业部，各个事业部有各自独立的产品或市场，实行独立核算，在经营上有较强的自主性。

③生产和营销部门在企业宏观领导下，拥有完全的经营自主权，既是受总公司控制的利润中心，也是产品责任单位或市场责任单位，对产品研发、生产制造及销售活动有统一领导的职能。

太极经营制度能从内心深处激发人的主动性、积极性和创造性，让人在制度的要求下自动自发、心甘情愿地把事情做好。用制度做事达到一定程度时，就是文化经营，其本质就是在企业良好的文化培养机制下，员工所形成的良好品德和习惯能弥补任何制度的不足。

第四章
富泉经营哲学

作为一家集营养食品研究、开发、生产、销售为一体的国际健康企业，富泉集团有限公司秉承太极哲学中"阴阳平衡"的原则，致力于在经营活动中实现消费者满意与投资者回报的双重目标。

"让每一位消费者都能够满意！让每一位投资者都可以获利！"不仅是富泉集团的经营宗旨，也是太极哲学中追求和谐统一的体现。公司倡导"经营健康，健康经营"的理念，与太极哲学中的"动静结合"相呼应，强调在动态的市场环境中保持企业的稳健发展。

富泉集团的历史使命是"让世界健康起来"，这与太极哲学中的"天人合一"思想不谋而合。公司在全球范围内精选优质原材料，融合中医的"清、调、补"原理，结合现代高科技生产工艺，研发并生产出一系列健康产品。

富泉集团通过太极经营哲学的实践，不仅在产品开发上追求平衡与和谐，更在企业文化和经营理念上体现了太极的精髓，为人类健康事业贡献力量。

富泉集团创立的太极经营，本质是一种量化的赋权经营模式，由经营哲学、经营体制、经营会计、经营制度一起相互支撑，构建成一套完整的经营管理模式。这在现代企业管理中可以被视为一种竞争力。

太极经营，作为企业管理的精粹，其核心理念在于培育具备敏锐经营意识的领导人才，终极目标是构建幸福型企业。这一理念的实现，依赖于一系列精心设计的运行规则、制度和流程，它们均以太极经营的哲学思想为指导，确保每一步决策和行动都与企业的核心价值观相契合。"太极经营"本身就是一种深入人心的经营哲学，这种哲学与中国传统哲学中的"道"相呼应，即是一种价值观，为我们提供了判断事物好坏、美丑、善恶的标准。在太极经营的实践中，这一哲学思想被转化为具体的行动指南，引导企业在复杂多变的市场环境中保持清晰的方向感和决策力。

下面将从企业哲学、经营理念、经营宗旨、企业目标、企业使命、经营原理、经营原则、经营准则、管理准则、团队准则、生活准则、人生修炼等方面对富泉集团太极经营的实践进行详细阐述。

一、企业哲学

富泉的企业精神推崇"道法自然"。道是与自然息息相关的，万事万物都遵循自然法则。顺其自然，遵循自然规律，顺应自然状态。"无为而无不为"，不虚妄，不妄为。所思所想所行皆顺道而为，我成就道，道成就我，如此便能得大亨通。

人作为自然与社会的一分子，若能遵循自然逻辑，做任何事不掺杂个人私欲，消除个人"私欲、喜好、成见"之为，就能彻底清理自己的灵魂，抛却过去的、无用的人和事，始终保持一颗宁静、少欲的心。简单生活，自然说话，自然工作，以自然为标准评价好坏、善恶，如此才能在宁静中生出大智慧，去战胜一切艰难险阻，从而达成目标。

在践行太极经营的过程中，富泉集团所形成的企业精神就是自自然然说话、自自然然做事、以自然为标准评说好坏。

（一）道：宇宙之心

在宇宙中，物质的产生、生命的诞生以及进化的过程，并不是偶然的，而是有其必然性的存在意义。

宇宙之心的核心是真实、博爱、和谐。在这个世界上，万物都有进化发展的趋势，这可被称为"宇宙的意志"。"宇宙的意志"充满着爱意、真诚以及和谐，所以，我们每个人思维所发出的能量与"宇宙的意志"协调与否决定了各自的命运。

"道法自然"强调事物发展的自然规律和宇宙万物的本质。在企业哲学和企业精神中，可以理解为企业应该遵循自然规律，以一种自然而然的方式发展，并追求与自然和谐共生的目标。企业不能盲目追求短期利益，而应注重长远发展，应该根据自身的特点和环境，制定符合自然规律的发展战略，以一种自然而然的方式实现企业的目标。同时，这种思想也可以为企业提供一种自然而然的企业文化和氛围，帮助企业在激烈的市场竞争中保持稳健的发展。

（二）道：公平、正义、自由

道，既指人在自然界及社会生活中待人处世应当遵循的规律、规则、规范等，也指社会、政治、经济运转的最高准则。人类社会在发展过程中，形成了一系列被广泛认同的基本原则和价值追求，这些原则和价值追求反映了人类共同的利益和社会发展的普遍规律，包括公平、正义、自由等要素。它超越了民族、种族、国界和信仰，是全人类共同拥有的价值观。

公平、正义、自由是相互联系、相辅相成、不可分割的。公平的朴素含义是公允持平、不偏不倚、办事公道、利益均衡；正义则意味着惩恶扬善、激浊扬清、明辨是非、道义分明。公平正义的基本原则有：法律面前人人平等；坚持以事实为根据，以法律为准绳的原则；坚持尊重和保障人权的原则。自由是指在没有外在强制的情况下，能够按照自己的意志活动。自由是近代以来人类孜孜以求的美好理想。

富泉集团将这种价值观融入日常行为，把道法自然等价值观融入企业的生产过程，并成功地把这些价值观传递到每一位员工心中，引起广大员工的共鸣，起到凝聚人心的作用。

（三）人心和宇宙之心的同频共振

当人心与宇宙之心同频共振时，人们会感受到一种深深的和谐与安宁。这种内心的平静与和谐，是实现健康和幸福的重要基础。

使人类取得成功的是爱意、真诚以及和谐，这些也被称为"宇宙的意志"。这样的心性，其实是人类本来在灵魂深处就拥有的东西。所谓"爱意"，就是把别人的欢乐视为自己的欢乐；所谓"真诚"，就是总是想着为世界、为别人做些什么；所谓"和谐"，就是不仅希望自己同时也希望身边所有人都能得到幸福。

当人心与宇宙之心同频共振时，爱意和真诚将成为我们内心最鲜明的主题。

这种心性的协调和统一，将使我们在人生道路上充满光明和希望。在这种状态下，我们能够超越个人的局限，感受与宇宙的连接和融合。这样的体验将赋予我们无穷的力量和勇气，去面对生活中的各种挑战和困难。从尊重爱意、真诚以及和谐的心性中所引发的信念，将成为引导人走向成功的基础。如果你拥有这种美好的心性，并且和宇宙的意志能够协调起来，同频共振，那么你的人生必将充满光明，健康幸福。

二、经营理念

太极"道法自然"的理念倡导顺应自然规律，追求和谐平衡。将这一理念应用于企业经营，意味着在追求物质财富的同时，更要注重精神文化的培育，实现物质与精神的双重富足。同时开展以心为本的经营，即将人的需求和感受放在首位，通过真诚、尊重和关怀，建立起企业与消费者之间的深厚情感联系。

在这一过程中，企业不仅要提供高质量的物质产品，满足消费者的基本需求，更要通过优质的服务、深刻的品牌内涵和积极的社会责任，满足消费者的精神追求，提升其生活品质。这要求企业深入理解消费者，不断优化产品和服务，创造超越期待的价值体验。

富泉集团除了致力于实现"为推动人类健康事业作出贡献"的经营目标，还追求员工的物质与精神双重幸福。只要每位员工都是为企业主动奉献的经营者，朝着共同目标前进，就能实现物质和精神两方面的幸福。企业经营的终极目标就是要对员工及其家人的现在和将来负责。

富泉集团的经营目标是为人类的健康事业做贡献。健康有三分之一的因素是不可控的，另外三分之二则掌握在自己手中，健康需要经营。富泉集团以健康为使命，探索具有中国特色的健康之路，为人类的健康事业贡献"富泉方案"。富泉集团创办的初衷是为了完成这个使命，遵循道法自然的原则，开展以心为本的经营，实现公平、正义、自由。

经营的目的有社会层面的，也有经济层面的，这其中包括价值创造和利益分配两部分，在发展企业的过程中创造价值，通过经营企业获得利润，惠及员工，回馈社会。惠及员工是手段，目的是培养员工的忠诚度，员工和企业不是雇佣和被雇佣的关系，是同舟共济、共建美好家园的相扶相携的伙伴。越来越多的人被吸引到企业里来，企业也就能够做强、做大。回馈社会才是真正的目的，因为企业做得再好也脱离不了社会这个整体环境而独立存在。

三、经营宗旨

太极哲学认为万物相生相克，阴阳循环往复，应顺应自然规律，追求长远和谐，强调万物和谐共生的整体观。富泉将这一理念运用于企业经营中，就是为了使企业、员工、消费者和投资者成为一个互惠互利的整体。

让每一位消费者都满意，意味着要全面满足消费者的需求和期望。这需要企业提供高质量的产品和服务，同时关注消费者的反馈和意见，不断改进和优化产品和服务，以满足消费者不断变化的需求和期望。富泉深耕大健康产业，为消费者的健康需求提供尽可能多的安全有效的创新产品，为消费者定制健康方案，让每一位消费者都能在服务中感受到健康带来的幸福、快乐和满意。

要让每一位投资者都获利，企业就要通过有效手段实现销售额最大化与成本最小化，获得更高的利润，这不仅仅是一种目标，也是一种思维方式。

通过太极经营理念的实践，企业可以在追求经济效益的同时，兼顾社会责任，实现消费者和投资者的双赢，构建一个和谐、平衡、可持续发展的企业生态。

四、企业目标

太极哲学倡导长远规划，企业应树立长远的发展目标。太极中的阴阳平衡也体现了预防的重要性，企业应注重风险管理，提前预见并规避潜在的经营风险，确保企业的稳健发展。太极的循环往复象征着生生不息，企业应建立循环经济模式。

世界级企业指的是在所从事的行业领域中构建了核心竞争力，具备全球化的战略与治理思想，拥有领导品牌，引领世界潮流，其治理运营效率、产品服务品质以及企业整体价值链能力可以与世界顶尖企业抗衡，有能力在国内外市场与国际领先企业在产业链上展开竞争与合作的企业。

这类企业通常具有独特的商业模式、战略设计、战略执行控制和评估能力，以及良好的业务流程、管理体系和匹配的专业技术能力、执行力，包括愿景清晰、使命高远、秉持企业家精神、有效把握和运用企业经营管理基本规律、立足本土、面向全球、战略明晰可行、组织运作高效有序、具有独特的商业模式和卓越执行力等。

健康型企业不单指富泉集团的产品业务范围是健康类的，更是指在经营理念、企业文化、组织架构、资源配置、环保措施等方面符合可持续发展要求，注重员工身心健康，实现与自然环境、社会环境的和谐共生。

首先，秉持健康管理理念，注重员工身心健康，倡导绿色办公，强调企业与员工、环境的和谐共生。关注员工福利和职业健康，为员工提供良好的工作环境和劳动保护，建立健全的员工福利制度。

其次，创新管理模式，建立符合企业实际情况的管理制度和流程，提高管理效率和员工满意度。注重和谐的企业文化建设，营造和谐、积极向上的企业文化氛围，增强员工的归属感和凝聚力。

最后，注重环保和社会责任，推行绿色制造和循环经济发展模式，减少对环境的污染和资源的浪费；积极履行社会责任，关注社会发展和民生改善，积极参与公益事业和社区建设。

总之，富泉集团的企业目标是做一个世界级的企业、健康型的企业，不仅要做大做强，使企业的健康产品走向国际化，在关注自身的经济效益的同时，更注重员工的身心健康、企业的社会责任和与环境的和谐共生，实现可持续发展。

五、企业使命

太极哲学倡导整体观念，"形"与"气"相互依存、内外兼修，在大健康领域，这意味着企业应致力于创造平衡的产品和服务，既满足人们对身体健康的需求，也关注心理健康和精神福祉。

富泉集团致力于将高品质的健康营养产品及健康生活理念分享给每一位消费者，以实现"让世界变得健康起来"的企业使命。

富泉专注人类健康，以"做对人类健康有影响力的事"为发展目标，持续推动现代科学技术与传统中医理论相结合，努力成为慢性疾病预防和治疗过程中不可或缺的存在。

首先，富泉开发了符合健康需求的产品和服务，以及提供相应的健康咨询。这些产品和服务符合安全、有效、质量可控的原则，并且能够满足不同人群的需求。其次，积极推广健康的文化，倡导健康的价值观和行为规范，例如鼓励员工积极参与体育运动、提倡健康的饮食和生活方式等。最后，通过开展健康宣传、培训和教育活动，提高员工的健康意识和自我保健能力，并积极参与公益事业和社区建设。

富泉集团致力于为"健康中国"贡献智慧、凝聚力量，以及成为大健康产业领跑者，让消费者都能拥有健康积极的生活状态，竭力为全人类的健康美好生活作出贡献。

六、经营原理

太极文化强调阴阳平衡、动静结合，这些原理可以应用于企业经营之道，形成一种以态度为核心的经营哲学。经营之道，态度先行。态度就是心态，是决定事情成败的关键所在，心动才有行动，在行动的过程中保持积极乐观心态，决定着事业能做多大，能走多远。

富泉集团在经营中一直秉持着六颗"健康心"："经营心"要求人人都要有一颗强烈的经营心，有强烈的使命感，为自己而工作，对自己负责任。"学习心"则体现养成终身学习的习惯，通过不断学习来适应和引领市场。"自信心"是面对挑战时的内在力量，要有坚定的信念。"平常心"是积极参与而不忧虑，避免极端情绪的干扰。"长久心"关乎长期愿景和可持续发展，坚持不懈，永不言弃，追求恒久的价值而非一时的得失。"感恩心"则是倡导活着就要感恩。

六颗"健康心"，遵循太极文化精神，构建了一种平衡、稳健且富有远见的经营原理，以实现企业的长期发展和社会价值的最大化。

（一）经营心：人人都是经营者

市场经济带来竞争的同时，也给我们带来了无数的机会与可能。在企业发展的过程中，我们始终需要有一颗自主的经营心，有强烈的使命感，为自己而工作，对自己负责任。只要端正好自己的态度，就会将一件很普通的事当作一件神圣的事情来对待，不会允许自己有丝毫的马虎、懈怠。

下面介绍一个创业的故事，在一个小镇上有一个鞋厂，鞋厂效益不好，老板打算停止生产。这时，小镇上的一位妇女得知了这个消息，主动接手了这个鞋厂。妇女不懂经营，就向全镇的人请教，还聘请了一位老师来给她出主意。老师建议她先了解市场，妇女就到处走访，了解市场情况。

经过一段时间的调查，妇女发现镇上的人喜欢穿拖鞋，但是市场上的拖鞋质量很差，容易坏。她决定生产高质量的拖鞋，并请老师帮忙设计拖鞋的款式。老师设计了一款时尚美观的拖鞋，推向市场后非常欢迎。鞋厂逐渐走出了困境，成了镇上最受欢迎的企业之一。这个故事告诉我们，人人都是经营者，只要我们用心去做，就有可能成功。

公司是由无数团队组成的，每个团队也就是一个公司，每个人都是自己的老板，做与不做，爱与不爱，全由自己决定，但我们不仅仅要对自己负责，更要对与自己相关联的所有人负责。

有一个大学生毕业后进入了一家互联网公司工作，他发现公司的业绩一直在上升，但是客户满意度却不高。他觉得这个问题很严重，于是开始思考如何改善客户体验。他开始与同事们交流，了解客户的需求和期望，还参加了客户服务的培训课程，学习如何更好地与客户沟通和处理客户的问题。后来他向公司提出了改善客户体验的建议，并主动承担了客户服务改进的项目。经过一段时间的努力，他和他的团队成功地提高了客户满意度，公司的业绩也因此得到了进一步提升。这个例子也说明了，人人都是经营者，只要我们用心去做，就能够为公司创造价值，同时也能够实现自己的价值。

人人都是经营者，无论是谁都可以发表自己的意见，为公司经营出谋划策，并参与制定经营计划。这里的关键就在于不是一个人独掌经营大权，而是全体员工共同参与经营。当每个人都通过参与经营而得以实现自我，全体员工齐心协力朝着目标努力，也就能实现目标。

（二）学习心：养成终身学习的习惯

一个人的能力，一半来自实践，一半来自学习。学习是终身的事情，养成终身学习的习惯不仅可以使自己的知识不断更新，更能够不断地提醒和监督自己。不但要学习如何做事，还要学会如何做人，更重要的是学会让自己更有价值。

事实上，很多成功的经商人士都是通过不断学习和努力才取得成功的。比如微软公司的创始人之一比尔·盖茨，他是一位著名的企业家和慈善家，在计算机技术和信息科学领域拥有广泛的知识和经验，但他并不是一开始就拥有这些才华。他曾经在哈佛大学学习法律，但在中途辍学，因为他认为计算机技术将会在未来对社会产生巨大的影响。在创业初期，比尔·盖茨与他的合作伙伴保罗·艾伦一起编写了第一个计算机编程语言。他们不断地学习和改进，使得微软公司逐渐成长为全球最大的计算机软件公司之一。比尔·盖茨的成功并不仅仅是因为他的才华和机遇，更是因为他具有不断学习和追求卓越的精神。

沃伦·巴菲特是一位著名的投资家和企业家，他是伯克希尔·哈撒韦公司的董事长兼首席执行官。他在投资领域拥有卓越的业绩和广泛的知识，但他并不是一开始就拥有这些技能。在年轻的时候，沃伦·巴菲特通过阅读和学习成为投资领域的专家。他不断地寻找有潜力的投资项目，并且通过长期持有优质股票和公司而取得了巨大的成功。巴菲特的投资哲学是"价值投资"，他强调要深入了解公司的基本面和财务状况，而不是追求短期的收益。他的成功也来自于他不断学习和追求卓越的精神。他每年都会阅读大量的公司年报和行业报告，保持对市场的敏锐洞察力。同时，他也非常注重财务管理和风险控制，使得他的投资业务能够持续稳健地发展。

还有一位著名的经商人士埃隆·马斯克。他是一位企业家和科技创新者，是特斯拉、SpaceX、Neuralink等多个公司的创始人和CEO。他在电动汽车、太空探索、人工智能等领域均有所建树。在年轻的时候，埃隆·马斯克就对科技和创新有着浓厚的兴趣。他不断地学习和探索，通过不断地尝试和创新使他的公司能够在不同的领域取得成功。他的成功来自于创新思维和追求卓越的精神，同时也离不开他的不断学习和努力。

这些成功人士的故事告诉我们，不断学习和追求卓越是非常重要的。只有不断地学习和努力，才能取得更大的成功和成就。

学习除了可以让人尽快掌握前人总结的经验之外，还可以时刻提醒自己避免犯错，少走弯路，增强信心。学习就像寻宝之路，也许在所学习的知识中，只有

10%的知识有用，但最后的成功，却往往就是这10%能起到关键的作用。

（三）自信心：燃烧的斗魂

人要有坚定的自信心。当你做一件事情的时候，若是觉得做不成，那原本可以做成的事情还就真做不成了；反之，若你觉得一定能做成的话，本来不容易做成的事，还偏偏就做成了。

坚定的自信心是成功的关键之一。众所周知，托马斯·爱迪生是一位著名的发明家和企业家，他有很多重要的发明，比如电灯泡、留声机等。他的一生充满了挫折和失败，但他从未放弃梦想和自信心。他在发明电灯泡的过程中经历了上千次失败，但从未放弃。他相信自己的想法是正确的，只要不断尝试和改进，最终一定能够成功发明电灯泡。最后，他为世界带来了光明。他的成功来自于坚定的自信心和追求卓越的精神。他说过："我没有失败，我只是找到了一万种不会发光的方法。"这句话充满了自信，体现了坚韧不拔的精神，成为世人传诵的经典名言。

马云是我国著名的企业家和慈善家，是阿里巴巴集团的创始人。在创业初期，马云和他的团队遇到了很多困难和挫折，但他们始终坚信自己的想法和模式，不断地努力和创新。在阿里巴巴的发展过程中，他们不断地摸索和学习，逐渐找到了适合自己企业的商业模式和发展方向。通过不懈的努力和追求卓越的精神，阿里巴巴成为全球最大的电子商务公司之一，马云也因此成了中国商业史上的传奇人物。

扎克伯格是Facebook的创始人和CEO。他在社交媒体领域拥有广泛的知识和经验，但他并不是一开始就拥有这些技能。在创业初期，扎克伯格不断地学习和探索，寻找更好的商业模式和发展方向。他坚信自己创建的模式是正确的，通过不断尝试和创新，Facebook逐渐成长为全球最大的社交媒体公司之一。他的成功源于坚定自信、卓越追求，以及持续学习和不懈努力。

这些例子告诉我们，坚定的自信心是非常重要的。只有拥有坚定的自信心，才能在面对困难和挫折时不放弃，持续努力和学习，并最终取得成功。

有时越想取胜，迎面而来的各种困难和压力就越多。面对重重困难，我们难免会胆怯，进而放弃初衷。克服这些困难和压力的动力，源自每个人内心不屈的

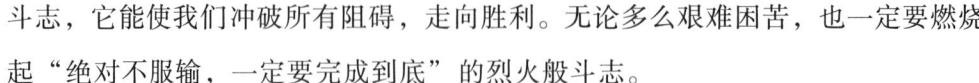

斗志，它能使我们冲破所有阻碍，走向胜利。无论多么艰难困苦，也一定要燃烧起"绝对不服输，一定要完成到底"的烈火般斗志。

（四）平常心：积极参与而不忧虑

所谓平常心，就是在应对事情时保持平和的心态。它是一种心境，"不以物喜，不以己悲"，不为环境的变化而喜忧。

很多时候，我们遇到一些事情，提不起、放不下，这其实就是因为平常心修炼不够。要做好工作，要让事情向好的方面转化，就应该让平常心成为一种常态。

人最重要的是保持一颗平常心，用出世之心，办入世之事，遇事不急不躁，相信所有的问题都会迎刃而解。暂时解决不了的，不要钻牛角尖，而要采取新的行动，朝着新的方向与目标迈进，让自己不断修炼成长。相信不久之后，先前困扰你的问题会峰回路转，自然就会有答案。

"成功需要有平常心"，这句话的意思是成功需要保持一种平和、冷静的心态，不被成功或失败因素所影响。

刘翔是我国有名的田径运动员，在110米栏项目上取得了世界级的成就。然而，他的成功并不是一帆风顺的。在2008年北京奥运会上，刘翔因为受伤退出了比赛，这对他来说是一次巨大的挫折。然而，刘翔并没有因此而放弃，他以平常心对待这次挫折，积极地进行治疗和训练。他相信自己的能力和潜力，最终于2012年6月在世界男子110米栏排名中重登榜首。刘翔的成功来自于他能够以平常心对待挫折和困难，不轻易放弃，同时也不被胜利冲昏头脑。这种平常心态让他能够持续努力，最终取得成功。

面对成功或失败，人容易产生激动或沮丧的情绪，这些情绪会影响我们的思考和行动。而拥有平常心则能够帮助我们保持冷静和理智，让我们更好地应对各种情况。

平常心意味着我们需要放下过于追求完美的想法，接受失败和挫折，同时也要保持对成功的渴望和追求。我们需要学会从失败中吸取教训，反思自己的行为和决策，从而不断改进和提高自己的能力。

乔布斯是苹果公司的创始人之一，他在科技领域取得了相当大的成就。然而，他在早期创业的过程中也遭遇了很多困难。在苹果公司创立初期，他曾经被董事会逐出公司，这对他来说是一次巨大的挫折。然而，乔布斯并没有因此而放弃，他以平常心对待这次挫折，继续积极地进行创业和创新，最终在苹果公司重新获得了主导权，并且带领公司取得了巨大的成功。

这些故事告诉我们，平常心是非常重要的。只有拥有平常心，才能在面对困难和挫折时不失去自信和方向，持续努力和学习，最终取得成功。

在成功的道路上，也需要保持耐心和坚持。拥有平常心能够帮助我们克服急功近利的心态，让我们更加注重长远的发展和成果。同时，平常心也让我们更加关注自己的身心健康和生活质量，从而更好地平衡工作和生活。

（五）长久心：坚持不懈，永不言弃

长久是相对于短暂来说的，也可以理解为长期、深远、持久，指我们不论做什么事都一定要有恒心，只有持之以恒才能成功。任何短期的投机心理、侥幸想法，或者半途而废的做法，都必然导致失败。

时间是成事的必要条件，任何事情的成功都有一个过程，可能等待很久，可能就在明天。所以千万不要抱着不一定能成功的想法而不愿意坚持，可能就在你感觉已经没有耐心、几乎绝望的时候，奇迹就出现了。

困难面前，最容易做的事就是知难而退。其实只要再坚持一下就会发现：克服了难关，一切远比想象中来得轻松。生命不仅仅是一个过程，人生在世，贵在活出不一样的精彩。如果说成功的起点在于相信自己，那么，成功的终点就在于坚持到底。

有很多关于坚持长久心才能成功的故事和例子。比如马拉松选手山田本一，他在1984年的东京国际马拉松邀请赛中获得了冠军。他在比赛后说："我并不知道终点在哪里，我只是按照自己的节奏，一步步跑下去。"他的成功并不是因为拥有超越其他选手的体能，而是因为他具有持久的耐心和毅力。

著名的电影导演詹姆斯·卡梅隆曾花费多年时间研究和准备他的电影剧本，甚至在困难和挫折面前也从未放弃。他相信只有通过持久的努力和耐心，才能创作出真正优秀的作品。最终，他凭借《泰坦尼克号》和《阿凡达》等电影成为了世界上最成功的电影导演之一。

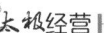

成功往往需要长时间的付出和努力。只有拥有长久心，才能在面对困难和挫折时坚持下去，最终实现自己的目标。

（六）感恩心：活着就要感恩

感恩不仅仅是对直接施恩的人表示感谢，也是对间接施恩的人表示感激。它更是一种处世哲学，一种生活态度，一种优秀品质，一种道德情操，是值得我们每一个人用一生去珍视的博爱教育。

美国前总统托马斯·杰斐逊就是一个非常懂得感恩的人，对于自己所拥有的一切都心存感激。他曾经写道："我感谢上帝赐予我生命，让我有机会体验这个美好的世界，也感谢所有帮助过我、支持过我、爱过我和关心过我的人。"他的感恩之心不仅让他自己感到快乐和满足，也让他更加专注于自己的目标，最终成为美国历史上最伟大的总统之一。

以感恩的心态对待工作，我们就会对自己的工作心存感激，从而爱上自己的工作，也会与同事愉快相处，工作起来就会更加勤奋，注意力更加集中，更加富有激情，任务的完成也会更加顺利。

以感恩的心态对待生活，在我们的眼里、心里装的就都是美好，就会自动忽略或者过滤掉那些不好的、不愉快的人和事物，从而使自己过得更加快乐、幸福。

总之，感恩之心不仅是一种美好的品质，也是一种力量。当我们感激自己所拥有的一切时，我们会更加珍惜当下，更加专注于自己的目标，也会更加关注那些需要帮助的人。这种感恩之心会让我们变得更加积极向上、自信乐观，也会为我们带来更多的机会和成功。

七、经营原则

太极经营理念融合了中国传统文化中的阴阳平衡、和谐统一以及顺应自然规律的思想。企业应建立一套既符合自然规律又适应现代商业环境的经营原则。这套企业经营原则也应追求内部与外部、短期与长期、创新与稳定之间的平衡。

（一）明确事业的意义与目的

做事业、做人，都要有目标，有目标的人始终不会忘记自己的方向。需要明确自己需要什么，正在做什么，目的是什么，从事的事业有什么意义。

因为每个人对事业的追求和价值观都不同，你可以通过思考自己的人生目标和价值观来明确事业的意义和目的。你可以问自己："我希望通过我的事业实现什么样的人生价值和目标？我的事业能为社会或他人带来什么样的价值和影响？"这样可以帮助你更好地理解自己的事业方向和目标，从而明确其意义和目的。

树立光明正大的、符合大义的、崇高的事业目标，追求员工物质与精神两方面双幸福，为人类健康事业做贡献，就是富泉集团明确而有价值的事业意义和目的。

我们生活的地球正遭遇各种污染和危机，人类的身心健康也受到各种各样的威胁，吃的食品、呼吸的空气，还有各种环境的变化，都需要我们来为人类的健康事业做出努力。

树立远大的事业目标可以帮助企业和员工更好地规划未来的道路，并为实现自己的梦想和目标付出努力。当设定远大的事业目标时，会更加清晰地知道要追求什么，从而更加专注和坚定地朝着这个目标前进。此外，远大的事业目标可以激发员工的内在动力和激情，在面对困难和挑战时更加勇敢和坚定；还可以帮助他们更好地了解自身的优势和不足，从而在事业中发挥自己的长处并不断克服自己的短处。树立远大的事业目标还可以让企业和员工更加积极地拓展自己的视野和思维方式，不断学习和成长，从而更好地适应社会的发展和变化。

（二）制定具体的目标

目标是方向，也是数值。制定具体的经营目标需要考虑企业的整体战略、市场需求、竞争状况以及自身资源和能力等因素。

首先，需要明确企业的整体战略，包括企业的定位、发展目标、核心竞争力以及业务布局等方面。这可以帮助企业更好地制定具体的经营目标。

其次，根据企业的战略和市场需求，制定具体的经营计划。经营计划应该包括销售收入、成本预算、利润预测、市场拓展等方面。确保经营计划符合实际情况，并具有可操作性。为了确保经营目标的实现，还需要制定时间表和里程碑，以便跟踪和评估进展情况。要在时间表中确定每个阶段的目标和任务，以及完成的时间节点；在里程碑中记录关键事件和成果，以便进行进度评估和调整。

最后，需要定期评估经营目标的进展情况，并根据实际情况进行调整。如果有些目标无法实现，你需要及时进行调整，以免浪费资源和时间。

总之，制定具体的经营目标需要从企业战略、市场需求、经营计划、优先级、时间表和里程碑以及定期评估和调整等多个方面进行考虑。通过这些因素，经营者可以制定更加具体、可行的经营目标，从而实现企业的长期发展目标。

一个团队在成长、发展的过程中，要想变得有实力就得靠业绩。这就需要团队在不同的发展阶段，针对自身的实际情况，不断制定新的目标，比如每年的经济计划、销售目标等。

从某种意义上说，团队就是一个利益共同体，也必须用经济的手段予以支撑。所以，制定团队目标的核心就是制定团队的经济计划，其中包括团队的目标任务、基本原则、发展途径、保障措施、工作要求等。

团队最终还是要以业绩数据说话，虽然都只是硬邦邦的数字，但这却是团队价值的体现，也是可以判断团队作用的最直接的依据。

以销售团队为例，团队在一定的时间内，完成多少销售额，实现利润多少，落实到每个人的销售额是多少；哪款产品完成多少销量，拓展多少渠道，发展多少客户，培养多少成员；用什么销售方式，有什么促销活动等，这些都必须清晰、具体、明白。

（三）追求销售额最大，费用最小

经营的常识有经费随着销售额的增长而增长。然而，这是错误的常识。经营的基本要求就在于如何使销售额扩大，经费缩小。所谓利润，就是它们的差额，只不过是作为结果而出现的数据。因此，不应当拘泥于"原材料费"应当占"总生产成本"的百分之几、"促销费"必须要多少等这类所谓的常识或者固定性概念。

为了实践"追求销售最大化和费用最小化"这一原则，需要及时明确每个组织的业绩,并且必须构建全员参与经营的管理会计体制。实现"销售最大化"的唯一途径是"努力做业务","细分经费项目"是实现"费用最小化"的一种行之有效的方法,利于有针对性地实现成本控制。

首先,需要了解目标客户的需求和偏好。通过市场调研和分析,可以更好地了解客户的需求和痛点,并制定相应的产品或服务策略,优化产品或服务,以满足客户的需求和偏好。这可能包括改进产品的功能、设计、价格策略或服务质量等方面。

其次,要根据市场需求、竞争状况以及成本等因素,制定一个合理的定价策略。定价应该考虑到产品的成本、市场需求以及客户的支付能力等方面,以确保销售额最大化和费用最小化。选择合适的销售渠道和合作伙伴,以扩大销售网络和覆盖范围。通过各种营销活动来吸引潜在客户的注意力,并提高品牌知名度和销售额,这包括广告宣传、促销活动、社交媒体营销、口碑营销等。

最后,要有精细化的数值经营手段,如数据分析、成本控制、流程优化等,来提高效率和降低费用。这可能涉及到财务管理、人力资源管理、供应链管理等方面。

总之,追求"销售额最大和费用最小"的目标需要从市场需求、产品或服务优化、定价策略、销售渠道、营销活动以及精细化管理等多个方面进行考虑。通过这些因素,你可以更好地实现销售额最大化和费用最小化的目标。

(四)定价即经营

销售额是收益的源泉,要把销售额最大化,关键是定价。定价不仅是为了好卖或为了容易获取订单,还是决定企业生死的关键。制定价格必须使买卖双方都满意,是一项极为重要的工作,最终应该由经营者做出判断。

定价即经营,意味着企业需要根据市场需求、产品定位、竞争对手等因素来确定产品的价格。产品定价需要在合理利润和客户接受之间达到平衡,可以考虑以下几个方面。

首先,要了解客户对产品的需求程度、对价格的敏感程度以及购买心理等,这些因素可以帮助企业制订更符合客户需求的定价策略。

其次,根据产品的不同特点、定位和目标消费群体,可以采取差异化定价策略，如高端产品采取高价策略，中端产品采取中等价格策略，低端产品采取低价策略等。在保证产品质量和品质的前提下，合理控制生产成本和运营成本，可以提高企业的利润空间。

最后，在产品定价过程中，需要不断关注客户的反馈和意见，根据客户的需求和购买心理进行调整，以实现产品定价的合理性和客户接受度的平衡。

总之，产品定价需要在深入了解客户需求和心理、控制成本、灵活运用定价策略以及关注客户反馈和调整等方面下功夫，才能实现合理利润和客户接受之间的平衡。

定价即经营，意味着需要不断调整和优化，根据市场反馈和企业情况，及时调整价格策略和产品定位，以实现企业的长期发展。

当决定了一定幅度的单位利润的时候，经营者必须在正确估量自己公司产品价值的基础上找到一个点，在此点上使销售量与单位利润的乘积达到最大。不论是对客户还是对公司来说，这个点都必须是一个令人满意的价格，应定在客户乐意接受、公司盈利的交汇点上，应该是客户乐意付钱购买的最高价格。

总之，定价即经营，需要企业在深入了解市场需求、产品定位和竞争对手的基础上，综合考虑成本和利润，灵活运用定价策略，不断调整和优化，以实现企业的经营目标。

（五）行动第一，不懈奋斗

行动，永远是第一位的。无论做什么，从事什么行业，行动就是成就理想、迈向成功的保障。没有任何困难能够阻碍人们获得幸福人生的脚步，只有自己选择原地踏步或者退后几步，才会让幸福的生活迟迟不能到来。

要做一个善良有行动力的人，做一个有想法能够立刻付诸行动的人，做一个有想法敢于去实现、有问题敢于去面对的人。一步一步踏实工作，不懈努力，真正意义上做到知行合一。

行动第一是指一旦确定了目标，就立即采取行动，不拖延、不犹豫。不懈奋斗则是持续努力，不因困难或失败而放弃。

要理解和做到行动第一，首先要制定明确的目标：明确自己的目标是什么，并具体到可执行的动作。这样有助于避免盲目行动和不必要的拖延。

一旦确定目标，不要犹豫，而要立即采取行动。先做了再说，边做边调整，即使一开始方向不对，至少已经在路上了。要克服拖延症，因为拖延只会让人产生惰性，使事情变得更加困难。可以尝试使用番茄工作法或其他时间管理技巧来帮助克服拖延症。

在行动中不懈奋斗，在遇到困难时保持积极的心态，相信自己能够克服困难。同时也要相信自己的能力，不断鼓励自己；要持续学习和成长，不断学习新知识和技能，提升自己的能力。遇到失败或挫折时，要反思自己的不足之处并努力改进。与积极向上的人为伍，互相鼓励和支持；同时也可以寻找专业的导师或教练，听取他们的建议和指导。

总之，理解和做到行动第一、不懈奋斗需要坚定的信念和积极的行动。通过制定明确的目标、克服拖延症、保持积极心态、持续学习和成长以及寻找支持与鼓励等方法，我们可以更好地实现自己的目标。

（六）坚持乐观主义

乐观主义是心中的阳光，是构筑生命的力量，是改造世界的态度。如果你总能看到更美好的未来，如果你抱负远大，如果你相信自己完全有能力达到目标，并且努力去做了，那么成功一定是属于你的。

人一定要坚定地树立自己最终会取得成功的信念，始终怀有开朗、前瞻性的态度，坚定理想与抱负，不失平常心。这样，在不远的将来就会有意外的发现：你极其盼望并努力为之奋斗的目标是完全能够实现的。斯蒂芬·库里作为一位NBA运动员，在球场上历经无数艰难时刻，然而，他总是能够保持乐观的态度，不断从失败中吸取教训，最终成为一位传奇球星。他的名言"当我被击倒时，我会重新站起来，更加努力地战斗"鼓舞了许多球迷。

保持积极的态度，对生活中的挑战和困难充满信心和勇气。即使遇到挫折或失败，也能够从中汲取经验教训，积极向前看。朱德庸是一位著名的漫画家和作家，他在创作过程中历经了许多挫折和困难。然而，他始终保持乐观的态度，坚信自己的才华和能力。他的名言"人生就像一部漫画，要学会苦中作乐"鼓舞了许多人坚持追求自己的梦想。

同时，也需要经常给自己一些正面的激励和鼓励，例如对自己说"我能行"

"我很棒"等话语。这样可以提升自信心和乐观情绪。奥普拉·温弗瑞作为一位著名的电视主持人，在她的职业生涯中经历了许多挑战。然而，她始终保持乐观的态度，不断克服困难并追求自己的梦想，她的名言"我们必须相信一些东西：我们的激情、人类的爱、你的机会和我的机会"正是对自己的激励。

即使在面对困难或挑战时，也要努力寻找积极的方面。例如，可以将困难视为成长的机会，或者从失败中学习经验教训。与积极向上的人为伍，可以受到他们的激励和影响，从而保持乐观主义，乐观主义者通常会采用积极的思维方式来看待问题。

总之，坚持乐观主义需要积极的态度、自我激励、寻找积极的方面、与积极的人为伍以及改变思维方式等。通过这些，我们可以更好地应对企业经营中的挑战和困难，保持乐观向上的心态。无论面对多大的困难和挑战，只要我们保持乐观的态度并坚持不懈地追求自己的梦想，就一定能够克服困难并实现目标。

（七）坚持现实主义

在经营中要坚持现实主义的原则，切忌好高骛远、不脚踏实地。从现实着手，首先要清晰了解公司所处的环境和竞争态势，通过深入分析行业趋势、竞争对手和自身优劣势，可以更准确地判断现实情况，并采取相应的措施。

根据现实情况制定切实可行的战略和目标，确保它们具有可行性和实际意义。这包括对市场、客户、产品或服务进行深入研究，以便制定符合实际情况的计划。

将重点放在实际效果和成果上，而不是只关注过程。通过设定明确的优先级和关注重点，可以将资源集中在最重要的方面，以实现更好的回报。

随着市场变化和公司发展，需要不断调整和优化经营策略。保持灵活性和适应性，及时调整策略以适应现实情况的变化，在高速发展的现代社会中是非常重要的。

通过培养务实的团队文化，可以鼓励员工以现实的态度看待工作和解决问题。这包括注重实际成果、关注当前问题和挑战，以及鼓励提出切实可行的解决方案。

同时，关注行业动态和市场趋势，不断学习和改进经营策略和方法，通过分享最佳实践、培训和交流经验，可以提高团队的现实主义思维和应对能力。

总之，坚持现实主义并从现实着手经营需要注重实际效果、灵活适应变化、培养务实团队文化以及持续学习和改进等。这些措施可以帮助公司在竞争激烈的市场中保持现实主义思维，并取得更好的经营成果。

将注意力放在当前的问题和挑战上，不要被过去或未来的事情所干扰。专注于当下可以帮助你更好地应对现实中的问题和挑战。

坚持面对现实、脚踏实地、保持积极心态、专注于当下、制定实际可行的计划、采取实际行动以及不断学习和成长，这些可以帮助企业更好地应对现实中的问题和挑战，并取得实际的成果。

（八）在实战中成长，追求永无止境

企业经营犹如行军打仗，成功的经营者个个都是能征善战的老将。既要懂得制定作战方针、行军策略，又要通晓调兵遣将，攻守有据，而这些正得益于在实战中的不断学习和锤炼。

在实战中成长并追求永无止境的进步，需要不断地学习和实践。只要经营者千方百计地想让企业得以发展，永无止境地追求各种可能性，就能培养自身卓越的预见力，让仅此一次的人生精彩纷呈。

在商业实战中追求永无止境，需要保持学习和成长的态度，不断吸收新的知识和技能，以适应不断变化的市场环境。同时，也需要建立良好的人际关系网络，与同行、客户和合作伙伴保持良好的沟通和合作，共同发展壮大。

当然，除了不断学习和建立良好的人际关系，追求永无止境还需要具备创新意识和勇于尝试的精神。要敢于尝试新的商业模式、产品或服务，不断探索和创造新的价值。同时，也需要具备耐心和毅力，面对困难和挫折时能够坚持下去。

追求永无止境，还需要具备全球化视野和跨文化沟通能力。在商业实战中，需要了解不同国家和地区的文化、市场和政策，与不同背景的人进行合作和交流。同时，也需要关注全球范围内的商业趋势和发展动态，以保持敏锐的市场洞察力。

（九）利于他人，做好自己

世界上最伟大的商业模式就是"利他"。源于长期的社会互动，人类具有亲

社会性，随着社会的发展、社会分工的细化以及社会交往的便利，人类的亲社会性也在不断提升。

你想得到什么，首先应该考虑自己能给予别人什么？这就是所谓的：先利他，后利己。利他才能利自己，利他就是最大的利己，利于他人，做好自己，帮助他人就是在帮助自己。

在追求自己的成长和进步的同时，也要考虑到他人的利益和需求。通过帮助他人、关心他人，你能够获得更多的快乐和满足感，同时也能建立起更好的人际关系，促进自己的成长和发展。

利于他人并做好自己需要从多个方面入手。首先，要关注他人的需求和感受，主动关心他们的问题和困难，并提供支持和帮助。尊重他人的观点、感受和权利，避免对他人进行攻击或贬低，建立良好的人际关系。当他人有需要时，要耐心倾听他们的诉求和问题，给予积极的反馈和建议。

其次，保持诚信，培养正面情绪。在与他人交往中，要保持诚信和真实，不欺骗、不撒谎，树立起自己的良好形象。因为积极乐观的情绪能够感染他人，带给周围的人更多的快乐和正能量。要学会控制自己的情绪，避免将自己的负面情绪传递给他人。

最后，还要培养良好的沟通能力。通过提升沟通技巧和表达能力，与他人建立良好的关系，尽量避免误解和冲突的发生。

"利他"是许多成功企业的核心价值观之一，它不仅可以帮助企业在市场上获得竞争优势，还可以让企业赢得客户的信任和忠诚。要实现"利他"的商业模式，企业需要关注客户需求，提供优质的产品和服务，同时积极履行社会责任，关注环保、公益等领域。此外，建立良好的企业文化，鼓励员工积极参与公益活动，也可以帮助企业更好地实现"利他"的商业模式。

除了以上提到的，实现"利他"的商业模式还需要不断优化和创新商业模式，以更好地满足客户需求和创造价值。例如，可以通过提供定制化、个性化的产品和服务来满足客户的特殊需求，或者通过构建平台、生态系统等来提供更全面、更便捷的服务。同时，也需要不断优化内部运营管理，提高效率和质量，为客户和合作伙伴创造更多的价值。

（十）坚持每日反省

人生不管是一帆风顺，还是跌宕起伏，都必须坚持每日自我反省，不能忽略对心灵的修持。不管拥有多么优秀的人格，如果缺乏反省，就无法保持这样优秀的人格。只有持续反省，才能提高心性并加以维持。

坚持每日反省是一种非常有益的习惯，可以帮助我们不断改进自己并避免犯同样的错误。在经营中，每日反省是非常重要的一环，可以帮助企业及时发现和解决问题，并不断改进和提升。

重视制订工作计划和目标。在每天开始之前，制定一份详细的工作计划和目标，包括具体的任务、时间安排和预期结果。这样可以帮助你在一天中更加有目的地工作，并在一天结束后进行反思和总结。

时刻关注客户的反馈和数据，了解客户的需求和偏好，以及产品的销售情况和市场反馈。这样可以帮助你及时发现问题和机会，并调整和改进产品和服务。

在每天的工作中，难免会遇到各种各样的问题和挑战。花些时间分析和反思这些问题，思考它们出现的原因以及解决的方法，可以帮助你更好地总结经验和教训，避免犯同样的错误。

与同事、合作伙伴或其他人交流并寻求他们的反馈和建议，这样可以帮助你更好地了解自己的表现和决策，并从他人的角度发现自己的不足之处。

在创业和企业经营中，市场和客户需求不断变化，因此要保持学习和成长的态度。通过学习新的知识和技能，可以帮助你更好地应对市场变化和挑战，并为企业的发展提供更多的可能。

做到以上几点，才可以在经营中实现每日反省，并从中获得宝贵的经验和教训，帮助企业不断成长和进步。

（十一）要谦虚，不要骄傲

中国有句古话"惟谦受福"，意思是只有谦虚才能获得幸福。谦虚是最重要的人格要素，很多成功者都是内心燃烧着激情和斗志，并能做到谦虚内敛的人。

谦虚的举止和态度是个人非常重要的资质。持有"自我中心"价值观的人，即个人主义思想严重的人，只能产生"自我"与"自我"的冲突，需要团队间互相配合的工作就无法取得进展。

"满招损，谦受益"，如果一个人只陶醉于自己的能力或微不足道的成功，骄傲自满，就会既得不到周围人的帮助，又妨碍自己的成长。为了形成团队合力，在和谐的气氛中有效地展开工作，必须要有"有了大家才会有自己"的意识，保持持续谦虚的态度。

在企业经营中，谦虚是非常重要的品质。首先要保持学习和开放的态度，不断更新知识和技能，了解市场和行业的最新动态和趋势，愿意听取他人的意见和建议，并从失败中吸取教训。

在做出决策和行动之后，时刻反思自己的行为，思考自己的决策和行动是否有可能改进。不要因为成功而骄傲自满，而要不断追求更好的表现和结果。

与团队成员和其他利益相关者建立良好的沟通和合作机制，鼓励团队成员提出自己的想法和建议，并尊重他们的意见。在取得成功时，不要只把功劳归于自己，而是要感谢整个团队的努力和支持。

除此之外，最关键的是要时刻关注客户的需求和反馈，了解市场和客户的偏好和需求。不要因为自己的产品或服务在市场上取得一些成功而骄傲自满，而是要持续改进和提升产品和服务的质量和价值。

在经营企业时，会遇到各种困难和挑战，保持积极的心态和情绪是非常重要的。不要因为困难而沮丧或放弃，而是要坚定信心，积极寻找解决问题的方法和途径。只有时刻地警醒自己，在经营中保持谦虚的态度，避免骄傲自满，才能更好地应对市场和行业的挑战和变化，并为企业的发展提供更多的机会和可能性。

（十二）经营唯一的事业

一个集团为了团结一心，推进事业，就必须明确事业的"大义名分"，必须确立高层次的事业目的，明确这个事业对于社会具有何种意义，将做出何种贡献。

富泉集团把健康当作唯一的事业经营，让人们意识到健康是人生最好的投资，让健康重回生命价值体系，希望用健康的思维引领人们的生活。

要在企业经营中实现共同的目标和将唯一的事业做大做强，就要确定独特的事业定位和使命，要寻找独特的经营角度和切入点，避免与竞争对手雷同。同时，要明确企业的核心价值和目标，确保整个团队对企业的定位和使命有共同的认知和理解。与团队成员分享企业的愿景和目标，并确保每个人都明白自己的角色和职责，让团队成员感受到自己是企业成功的重要组成部分，并鼓励他们为实现共同的目标而努力。

为了实现共同的目标，需要制定具体的计划和策略，这包括明确的时间表、具体的任务分配、预算安排等。确保整个团队对计划和策略有清晰的了解，并能够按照计划执行。

在实现唯一的事业成功和共同目标的过程中，沟通和协作是非常重要的。建立有效的沟通机制和平台，鼓励团队成员分享想法和建议，共同解决问题。同时，要注重跨部门之间的协作，确保整个企业能够协同工作。

一个成功的唯一事业需要一个具有团队精神和文化的团队来支撑。需要通过培养团队精神，鼓励员工彼此支持和合作，共同为企业的发展贡献力量。

成功的唯一事业还需要不断进行改进和创新，以保持竞争优势。鼓励团队成员关注市场和行业的变化，提出创新性的想法和建议，并不断优化和改进企业的产品和服务。

通过以上方法，你可以在企业经营中实现做唯一的事业和共同目标。这有助于提高团队的凝聚力和向心力，推动企业在市场上获得更大的竞争优势，并实现可持续发展。富泉集团正是如此，践行着唯一的健康事业文化理念。

八、经营准则

太极理念中的阴阳平衡体现了事物的互补性，将太极的经营理念融入现代企业的经营准则，可以实现企业与社会、环境的和谐共存。

（一）追求合理的经济效益

富泉集团坚持合法经营，追求合理的经济效益，同时积极履行社会责任，致力于可持续发展，为社会和人类的健康事业贡献力量。

合理的经济利润是衡量企业价值的基本标准。利润是商业活动的主要目标之一，也是企业生存和发展的基础。通过合法、诚信、可持续的经营活动，企业获得利润,从而为股东、员工、客户和社会创造价值。

同时,追求利润也需要建立在合法、诚信、可持续的基础之上。企业应该通过正当的途径获得利润,不进行欺诈、虚假宣传等不正当竞争行为。只有这样,企业才能获得长足发展。

现代企业越来越重视综合性的经营准则,将社会责任和道德纳入商业决策中。企业应严格遵守法律法规,尊重员工权益,积极履行社会责任,关注环境保护,热心参与公益事业。通过全面考虑并平衡经济、社会、环境等多种因素,企业才可以获得长期的商业成功和社会认可。

(二) 天南海北探索无限商机

成功的商业实践源于对商业机遇的敏锐洞察,以及对市场需求的深刻理解。商人通过不断探索和拓展新的市场,展现对商业的热爱和对创新的追求。在这个过程中,应当坚持诚信经营,通过开拓更广阔的市场来实现企业的可持续发展,同时积极履行社会责任,为社会和经济的进步作出贡献。

"做四方的生意,赚取八方的钱财"。只有不断地学习和到不同的地方拓展视野,不断寻求新的市场和转移市场重心,才能抓住更多的商机,实现商业的成功。在全球一体化的背景下,要勇于走四方,不断寻找新的市场机会。经营需要有广阔的胸怀和敢于冒险的勇气,全新的市场有着全新的机遇,勇往直前,才能收获更多的财富和成就。

在商业活动中,商人需要不断了解市场动态和消费者需求,寻找商机并制定相应的营销策略。为了实现这个目标,商人需要四处奔波,了解不同地区的市场情况,以便更好地满足市场需求并获得更多的商业机会。

此外,商人也需要与其他商人进行交流和合作,建立商业关系和合作伙伴关系,以便更好地开展商业活动。这种交流和合作也可以帮助商人更好地了解市场动态和商业趋势,从而更好地把握商机。走遍四方也可以促进企业之间的交流和合作。与其他企业进行合作、交流和分享经验,可以带来更多的商业机会和合作伙伴,从而拓展企业的业务范围和资源渠道。

走遍四方也可以帮助企业更广泛地调研市场,深入了解行业趋势,有助于企业精准把握商机。通过不断学习和探索,企业可以不断创新和进步,提高自身的竞争力和市场地位。

总之，商人走四方探索市场是一种积极的行为，可以带来全新的机遇和商业机会，可以发现新的商业机会和潜在客户，从而拓展业务范围和市场份额，提高竞争力，这种行为也有助于促进商业的发展和繁荣。

（三）钱货两清，财上分明大丈夫

"钱货两清，财上分明大丈夫"是一句中国谚语，意思是做生意时要清楚了解双方的权利和义务，确保交易的公平性和透明度。钱财是人性的试金石，试得出人心，也鉴得出人性和人品。做人要明白财聚人散、财散人聚的道理，与人分享财富，能够赢得更多的尊敬与支持。

与人合作时，能取八分利时只取六分，留些利润给对手。看起来自己赚少了、亏了，但实际上却赢得了更多的信任和尊重，合作的人会越来越多，生意自然能越做越大，赚得当然也会越来越多。

爱财要坚守"取之有道"，"财上分明"是一种智慧和心胸，有钱时不为富不仁，没钱时不因钱失节。任何时候在钱财方面都保持分明和清醒，才是真正让人尊敬的大丈夫。

在商业合作中，要确保钱货两清，就必须签署合同，合同是保障双方权益的基础。企业应该与合作伙伴建立清晰的合同制度，明确双方的权利和义务，包括交易条件、付款方式、违约责任等。这样可以确保双方在合作中的权益得到保障，保持交易中的公平性和透明度，避免后续的纠纷和矛盾。

同时，企业应该严格遵守国家的法律法规，不进行任何违法违规的行为。在商业合作中，企业应该对合作伙伴的合法性进行严格的审查和核实，确保对方的资质和信誉过关。

在商业合作中，企业应该尊重合作伙伴的权益，不进行任何欺诈等不正当竞争行为。这样可以为企业树立良好的形象和信誉，吸引更多的合作伙伴和客户。商业合作中难免会出现各种问题，良好的沟通机制是解决这些问题的关键。企业应该与合作伙伴建立定期的沟通机制，及时了解合作进展情况，共同解决合作中遇到的问题，确保合作的顺利进行。

商业合作中的财务管理是关键之处。企业应该建立完善的财务管理体系，包括清晰的账目记录、规范的会计制度、健全的内部控制等，以确保在合作中财务的准确性，避免财务纠纷和风险。

总之，"钱货两清，财上分明大丈夫"是商业合作中的重要原则之一，需要企业在实践中不断探索和完善。

（四）惜时如金

世间万物皆可循环往复，唯有时间不可复追。作为时间的见证者，我们能做的就是珍视时间，成为合格的时间投资人，于时间中取得成果。

时间是每个人的财富，善用时间的人往往能获得成功，荒废时间的人往往一事无成。作为现代企业，若想在千变万化的经济环境中立足，在激烈的市场竞争中脱颖而出，必然要合理规划时间、管理时间、投资时间，并且真正践行自己的计划。

时间就是生命，企业应该有效管理时间，合理分配工作时间，制定明确的时间表，规划好每个时间段要完成的任务和目标，这样可以避免拖延和浪费时间，提高工作效率。还可以通过制定工作计划、优化工作流程等方式来提高时间管理能力。

在工作中，应该优先处理重要事项，将时间和精力集中在最重要的事情上。这样可以确保工作的优先级和重点，提高工作效率。

同时，在经营过程中，企业应该保持高效率，不断学习和探索新的工作方式和方法。此外，还可以通过使用高效的办公软件、学习时间管理技巧等方式来提高工作效率。

总之，惜时如金是商业准则中非常重要的一个方面，需要企业在实践中不断探索和完善。只有通过有效管理时间、制定明确的时间表、优先处理重要事项、学会拒绝等措施，才能做到惜时如金，提高工作效率和企业的竞争力。

（五）经济利益与社会责任并重

一个高度丰裕、真正发达的社会，必定是财富与慈善双轮驱动的社会。透视财富的本质，其终究只是上天托付作妥善管理和支配之用，没有人可以真正拥有。

参与慈善，没有内外之分，没有亲疏之别。首先要从身边的人做起，从亲人做起，从同事做起，从日常生活中做起，随时随地，都要带着感恩、欢喜的心去面对每个人，让他人因为你的存在感到温暖。有些人虽然热衷于参加各种社会上的慈善活动，对外热情似火，但一回到家中，却对亲人冷若冰霜，这就背离了慈悲心的初衷。

真正的人生应该是拥有财富并超越财富，当财富积累到一定程度，就应为慈善贡献财富了。财富的获取是过程，享受过程是宝贵的，而从对财富的支配方式中则可以看出人生是否真正圆满。为社会福祉而负责任地贡献财富，是圆满人生的至高境界。

慈善也是一种益于他人的行为。慈善的本质是"从心而爱为慈，人间关爱为善"，可以针对广泛的受众群体，通过增加福利来改善他们的生活。

在经济学视角下，慈善也可以被视为一种自愿输出的利他行为。这种行为强调非强制性和非针对性，即慈善针对的个体或者组织没有利益关系。在整个慈善行为完成的过程中需要慈善主体、慈善客体与慈善载体三个方面要素共同作用。

在经营中实现盈利和慈善的目标都很重要，企业应该制定明确的商业目标和慈善目标，并在这些目标的基础上进行经营和发展。商业目标包括盈利、市场份额等，而慈善目标则包括捐赠资金、支持社会公益事业等。

可以寻找商业经营与慈善的结合点，通过商业行为来实现慈善目的。例如，企业可以通过销售慈善产品、开展公益活动等方式来支持慈善事业，这样也可以提高企业的社会形象和品牌价值。

企业应该合理分配资源和利润，将部分盈利用于慈善事业。企业可以根据自身情况和实力，制定相应的慈善计划和方案，例如定期捐赠资金，支持教育、医疗等领域的社会公益事业。

此外，企业家可以通过自身的影响力和资源，参与慈善事业和社会公益活动。例如，可以利用自己的社会影响力，支持教育、扶贫、环保等领域的慈善项目，总之，企业应通过制定明确的商业和慈善目标、寻找商业与慈善的结合点、合理分配资源和利润，做到经济利益与社会责任并重。

（六）凡事亲力亲为

工作中，企业的领导者要想得到部下和周围人的帮助，就必须做到凡事亲力亲为，率先垂范。即使是令人厌倦的工作，也要有埋头苦干、积极进取的态度。

无论堆砌多少动听的话语，如果不伴随实际行动，就不可能抓住人心。想要让别人做事，就要自己先用行动做出表率，这样周围的人才会跟着一起行动起来。

虽然率先垂范需要勇气和信念，但是通过不断地用心实践，就能够提高自我。成功的企业领导者应该共同营造出凡事亲力亲为、率先垂范的工作氛围。作为企业的经营者，亲力亲为可以体现自己的责任和担当。只有亲自参与其中，才能更好地了解和掌握企业的运营情况，及时解决出现的问题，同时也可以更好地了解员工的想法和需求，促进团队合作。

只有亲自参与市场调研、客户沟通、数据分析等工作，才能获得第一手资料，更好地了解市场需求和竞争情况，掌握更多的实际数据和信息，为企业制定更加科学合理的战略和决策提供支持。

亲力亲为可以使企业经营者与员工之间建立信任和良好的沟通关系。只有通过亲自参与工作，才能更好地了解员工的工作情况和需求，与员工建立更加紧密的联系，提高团队的凝聚力和执行力。

作为企业的经营者，亲力亲为可以树立榜样和引领企业文化，通过自己的实际行动，传递企业的价值观和文化理念，引导员工的行为和态度，营造积极向上的企业文化氛围。除此之外，还可以提高工作的效率和效果。因为经营者亲自参与工作，可以更好地协调各个环节和各部门，减少中间环节和信息传递的延迟，提高效率和质量。

总之，在经营中做到凡事亲力亲为，需要企业经营者具备责任感、担当精神、实际操作能力、沟通能力以及良好的企业文化意识。通过亲力亲为，可以更好地掌握实际数据和信息，与员工建立信任和良好的沟通关系，树立榜样和引领企业文化，提高效率和效果等，为企业的发展提供有力的支持和保障。

（七）大拍卖的"死亡竞赛"

"死亡竞赛"是一种比喻性的说法，通常指企业之间的竞争已经到了生死存亡的关头，不是你死就是我活的状态。在这种情况下，企业可能会采取极端策略，如不计成本地降价、恶意攻击竞争对手等，以获得生存或胜利。

虽然打价格战可能会使企业面临压力和挑战，但并不等同于死亡竞赛。企业通过合理的策略和规划，可以有效地应对价格战带来的挑战，同时保持盈利和竞争力。例如，企业通过提高生产效率、降低成本、优化产品设计等措施来增加利润空间，或者通过提供优质的产品和服务、加强品牌营销等手段来提升自身竞争力，从而在价格战中获得优势。

价格战是指企业运用价格手段，通过价格的提高、维持或降低，以及对竞争者定价或变价的灵活反应，来与竞争者抢夺市场份额的一种竞争方式。单纯地通过打价格战来进行市场竞争的企业，进入的其实是一种大拍卖的"死亡竞赛"。

大拍卖通常是指商品或服务的价格大幅度下降，甚至低于成本价销售。企业通过降低价格来吸引消费者，但并不会采取极端策略来攻击竞争对手。大拍卖通常是为了清仓、调整销售策略或者在换季时促销，是一种常见的销售方式。这种策略通常是为了吸引消费者购买，增加销售额和市场份额。从这方面讲，大拍卖并不等同于死亡竞赛。

然而，价格战是一场没有硝烟的商业战争，很多企业一旦陷进去就很难出来，最终的结果往往是两败俱伤，价格一降再降，利润越来越低。不盈利怎么办？通过降低成本，最终产品质量越来越差，客户也不会再选择和购买，最终的结果对企业自身、对同行、对顾客都是有百害而无一利。在激烈的市场竞争中，企业还可能采取极端策略，如无底线降价或恶意攻击对手等，以求生存或胜利。这种竞争方式可能会导致企业严重亏损，甚至倒闭。从这方面讲，长期打价格战就进入了大拍卖的"死亡竞赛"。

因此，为了避免在竞争中进行"死亡竞赛"，企业一定要学会通过合理的策略和规划，有效地应对价格战。

（八）借力使力不费力

一个人的力量是有限的，成功的人不论是经营自己还是经营公司，都会巧用环境、善于借力，这样不仅省时节力，还能事半功倍，取得更好的效果。很多成功者并不是他的能力有多强，而是他善于整合更多的社会资源。

古往今来，通过"借力"，花最少的力气积攒最多的财富和资源，是一种智慧。不仅要学会善于运用环境，更要学会善于寻求他人的帮助，整合身边的资源。这种"借力"不局限于身边的亲朋好友,有时候竞争对手也是很好的借力对象。

三国时期的诸葛亮就是"借力"用得最好的人之一,著名的"草船借箭"的故事就是一个最好的例子。所以,学会借力、善于借力、巧用环境突破局限的人,世界才会更宽广。

在经营中,巧用环境、借力使力不费力更是非常重要的策略之一。首先要密切关注市场动态和消费者需求变化,了解行业发展趋势和竞争对手的策略。通过深入了解市场环境,可以更好地调整自己的产品和服务,满足消费者的需求,同时避免与竞争对手的直接竞争。

在经营中,要通过了解所在地区的特点和优势来提高业务效率和质量。例如,如果你所在地区具有特殊的原材料或人力资源,你可以考虑在这些领域发展自己的产品或服务。

了解政府对行业的政策和支持措施,如税收优惠、补贴、贷款等。通过与政府合作或政策扶持,可以获得更多的资源支持,提高企业的竞争力。

还可以与其他企业建立合作关系,共享资源、技术和市场。通过联合,可以减少成本、提高效率,同时扩大市场份额和影响力。例如,可以与其他企业合作开发新产品或提供联合营销活动。

现代科技的发展为企业提供了许多机会和工具。通过引入先进的技术和管理方法,可以提高生产效率、优化供应链管理、改进客户服务等。同时,也可以利用技术来创造新的商业模式和竞争优势。

当下,可持续发展已成为全球的共识。通过在环境保护、社会责任和企业治理等方面有所作为,可以提高企业的形象和声誉,吸引更多的客户和投资者。同时,也可以为企业提供持续发展的动力和保障。

总之,在经营中巧用环境、借力使力不费力需要敏锐的市场洞察力、创新思维和合作意识。通过深入了解市场需求和趋势、利用地域优势、借助政府政策和支持、联合其他企业、创新利用技术和关注可持续发展等措施,可以为企业带来更多的机遇和竞争优势。

(九)担大风险挣大钱

据说在远古时期,以打鱼捕捞为生的渔民们,在每次出海前都要祈祷,希望自己在出海时能够风平浪静、平安归来。渔民们在长期的捕捞实践中，深深地体会到"风"给他们带来的无法预测的危险，"风"即意味着"险"，这就是"风险"一词的由来。

企业在实现其目标的经营活动中会遇到各种不确定性事件，这些事件发生的概率是无法事先预知的，将对经营活动产生影响，从而影响企业目标实现的程度。这种在一定环境下和一定限期内客观存在的、影响企业目标实现的各种不确定性事件就是风险。

要想在竞争激烈的市场中获得成功，创新和冒险精神是必要的。但需要注意的是，创新和冒险并不意味着盲目冒险，而是在充分评估市场和自身能力的基础上，勇于尝试新的商业模式和创新思维。在商业世界中，高风险通常意味着高收益。承担大风险是为了获得更大的商业成功，但同时也需要承担相应的失败风险。成功的经营者在追求商业成功的同时，也需要充分评估和控制风险，避免因过度追求收益而带来不可承受的后果。

承担大风险需要建立完善的风险管理体系。企业需要通过科学的风险评估、风险控制和风险管理，降低风险发生的概率和影响程度，保证稳健发展。

成功的经营者在带领企业承担大风险时，需要具备卓越的团队合作能力和领导力，通过激发团队的创造力和凝聚力，来共同应对挑战，同时也能在关键时刻做出果断的决策。

市场是不断变化发展的，企业还需要具备灵活的应变能力以适应市场的变化。承担大风险可以促使企业更加积极主动地寻求变革和创新的机会，提高对市场变化的敏感度和反应速度。

在承担大风险的同时，保持稳健的财务状况至关重要。这包括合理的资金储备、健康的现金流以及审慎的投融资策略等。这样即使在面临风险和挑战时，也能保持企业的稳定运营和发展。

总之，在实践"担大风险挣大钱"时，经营者需要具备敏锐的市场洞察力、创新思维和风险管理意识。同时，通过建立科学的风险管理体系、卓越的团队合作与领导力以及灵活的市场应对策略等手段，可以在承担适当风险的同时，实现企业的成功与发展。

(十) 劳动是快乐的

自古以来，劳动是人类创造物质和精神财富的活动，人们通过劳动不仅创造了物质，满足了生存的需求，更重要的是还磨练了意志，塑造了人格，获得了精神上的快乐和升华。

从人类历史的发展来看，可以说是劳动创造了人类。人类从猿人进化到现在，是通过劳动来转变的，在劳动中人的器官得到了进化，产生了语言，发展了大脑，出现了思维，学会了使用工具，拥有了创造性，与动物区别开来，更通过劳动实现了人生的价值。一些人好逸恶劳，认为成功就是少劳动多获得、少工作多娱乐，完全没有理解和体会到劳动的快乐本质。

劳动是中华民族的传统美德，虽然每个人的成就大小、对社会的贡献都不尽相同，但相同的是都通过劳动来实现人生价值，也通过劳动感受人生的快乐和幸福。

劳动是快乐的，在劳动的过程中，人们可以通过完成任务、创造价值、提高技能等，感受到成就感和满足感，从而带来快乐的感觉。同时，劳动也可以帮助人们放松身心，减轻压力，增加生活的乐趣和意义。

比如，一个人喜欢做手工艺品，他可以通过自己的努力和创意，制作出一件件精美的手工艺品，自己的内心必然感到充实，也可以在社交媒体上分享，得到别人的认可和赞赏，或者通过社交媒体传播和销售，这些会让他感到非常快乐和满足。又比如，一个人在工作中通过努力完成任务，解决了某个难题，为公司创造了价值，他也会感到快乐和有成就感。

在企业中，需要人人参与劳动，才能有所收获。只有每个人都付出努力和汗水，才能够实现共同的目标和愿景。劳动不仅是一种创造价值的方式，更是一种团结和合作的精神体现。只有大家齐心协力，才能够取得更好的成果和收获。

(十一) 不断行动是成功的通行证

行动是决定成功的因素。在企业内部不断得到提升的人并不是最聪明的，也不是最有能力的，而是最不计较付出行动的人。机会都是从行动中获得的，成功者创造机会，机会只留给准备好的人，只留给不断付出行动的人。

人之所以有优秀与平庸之别，就在于优秀者有实现构想的能力，而不是仅有思想，优秀正是源于行动。一个优秀的人能够持续地完善自己的行为，以比别人更高的标准来行动。理想之所以能够变成现实，正是因为有连接理想和现实的行动。

对于企业而言，要实现不断行动并取得成功，则需要明确自己的目标和使命，设定明确的企业愿景，以便在不断行动的过程中保持清晰的方向和动力。

企业需要制定一个切实可行的商业计划，包括市场分析、竞争策略、产品或服务定位、财务规划等。这将有助于企业在不断行动的过程中保持战略一致性。

企业还要时刻关注市场变化和趋势，并具备敏捷和灵活的应变能力。这包括对市场需求的快速响应、对竞争威胁的及时应对以及对新兴商业机会的敏锐把握等。这将有助于企业不断行动，走向成功。

一个优秀的团队能够相互支持、共同成长并为企业带来持续的竞争优势，因此企业需要组建一个强大、专业且富有激情的团队。同时，积极、健康的企业文化可以激发员工的创造力和工作热情，提高员工的归属感和忠诚度。这些将有助于企业在不断行动的过程中保持持续的发展动力。

在不断行动的过程中，企业还需要重视风险管理。建立完善的风险管理体系，确保稳健发展。

总之，对于企业而言，不断行动意味着需要具备清晰的企业愿景和使命、制定可行的商业计划、保持敏捷和灵活、构建强大的团队、进行创新和研发、建立良好的企业文化、关注社会责任和可持续发展、实现有效沟通与协作、重视风险管理和持续学习和改进等。通过这些努力，企业才能够在不断行动的过程中取得成功并实现持续发展。

（十二）学习是基础，发展是硬道理，自律是灵魂

学习是一切工作的基础，要想获得发展首要任务就是学习。一个人的能力，一半来自实践，一半来自学习。学习是终生的事情，要让自己的知识不断更新，不断提醒和监督自己。任何知识都是前人经验的总结，一个人如果不想被时代淘汰，就必须向自然学习，向课本学习，向师父学习，向身边的人学习。

要始终保持学习的态度和意识，将学习作为企业经营的基础。鼓励员工不断

学习新知识和技能，提高自身素质和竞争力。同时，也要定期组织培训、研讨会等学习活动，提高员工的专业技能和管理能力。

而学习最终是为发展服务的。发展是硬道理，是我们干事业的目的，没有发展，学习也就失去了意义，学习和发展相辅相成。要在竞争激烈的市场中取得成功，必须持续改进和创新，关注新技术、新市场和新业务模式，积极探索和尝试，不断推出更具竞争力的产品或服务。同时，也要关注客户需求和市场变化，及时调整战略和业务模式，以适应市场的发展。

律己是人与动物的根本区别之一，也是一个人成熟与否的重要标志。自律行为贯穿于我们工作、生活、学习的每一个角落，一个人是否自律，对自己来说不过是自制力的问题，但在他人看来，就反映了一个人的内在修养。

自律是灵魂，是学习和发展的保障，是行业能健康、有序发展的重要支柱。企业需要建立一套完善的自律机制，包括规范的财务管理、风险管理和合规管理等，确保在经营过程中遵守相关法律法规和道德规范，避免违法违规行为给企业带来负面影响。

总之，"学习是基础，发展是硬道理，自律是灵魂"，这是企业经营中非常重要的理念。通过培养学习意识、持续改进和创新、建立自律机制、强化团队建设、制定明确的目标和计划、建立有效的激励机制以及注重企业文化建设等措施，可以在经营中实现这一理念，推动企业的持续发展和成功。

九、管理准则

太极文化中阴阳互补的理念，强调了管理中团队沟通与协作的重要性，应在相互尊重和价值多样性的基础上鼓励开放和透明的沟通，以增强团队协作。在经营中，领导或管理者需要以身作则，通过自己的行为和表现来引领团队。

（一）伟大的唯一的旗帜——富泉事业

要实现企业愿景，就要有集团的共同使命。富泉的使命是使为其奉献一生的人不仅获得物质上的富有，还能获得心灵上的幸福，"追求全体富泉人物质和精神两方面都幸福的同时为人类的健康事业做贡献！"这也是富泉事业伟大的唯一的旗帜。

富泉不再是追求经营者个人梦想和愿望的舞台，而是为了实现全体员工物质和精神两方面都幸福，为人类的健康事业做贡献的企业。每一个员工都朝着"让世界健康起来"的目标奋勇拼搏，企业实现骄人的业绩，企业价值也随之不断增长。

"五心不定，输得干干净净。"在管理准则中，确定唯一的使命和目标有以下几个主要好处：

当企业或团队确定了唯一的使命和目标后，所有人都能够明确自己工作的方向和重点。这有助于避免分散精力和资源，使大家能够集中力量，朝着同一目标前进。

明确的使命和目标有助于凝聚团队力量，让员工更加团结。当大家都有共同的目标时，更有可能产生协同合作，形成团队合力，从而提升整体绩效。

明确的使命和目标有助于提高工作效率。当员工明确知道工作的目标和意义时，他们更有可能投入更多的时间和精力来完成任务。同时，这也能够减少不必要的沟通和协调，降低内耗。

明确的使命和目标有助于企业或团队制定长期规划，并为实现长期目标而努力。这也有助于企业在战略层面进行布局和决策，更好地把握市场机遇和竞争态势。

在竞争激烈的市场环境中，一个清晰、独特的使命和目标能够帮助企业或团队在消费者心中形成独特的品牌形象，从而获得更多的市场份额和竞争优势。唯一的使命和目标也方便企业或团队进行阶段性的评估和调整，通过定期评估目标的实现情况，企业可以及时发现问题，确保整个组织始终保持正确的方向和状态。

总之，确定唯一的使命和目标有助于明确方向和重点、凝聚团队力量、提升工作效率、实现长期规划、增强市场竞争力以及便于评估和调整等。这些都有助于企业在经营过程中保持清晰、高效和有竞争力，从而实现持续发展和成功。

（二）大家是伙伴

好的同事关系，不是经营者与员工纵向的从属关系，不是基于权力的上下级关系，而是横向的伙伴关系，是平等互尊的朋友关系。志同道合的伙伴团结一致，齐心协力，朝着一个目标一起行动，为实现共同的理想而奋斗。

优秀的企业一定有志同道合的合伙人，合作伙伴之间互相理解、尊重、信赖，才能使这一切成为可能。如果每个员工都有"自己也是经营企业的一分子"的意识，主观能动性便会油然而生。那么，每个人都是公司的股东，每个人都是负责公司运营的合伙人。在管理中可以采取以下措施实现平等互尊，让大家都成为好伙伴和合伙人。

鼓励员工积极发表自己的意见和建议，确保沟通氛围的平等和民主。同时，领导也应该积极倾听员工的意见，给予平等的关注和回应。

制定公平、透明的薪酬制度，根据员工的工作表现和贡献给予相应的奖励。避免出现薪酬不公或差距过大的情况，确保员工之间的平等和公正。

重视员工的职业发展，鼓励员工不断提升自己的技能和素质。同时，还要关注员工的职业规划和发展方向，给予针对性的指导和支持。

在管理中强调团队合作和共享成果的理念，鼓励员工之间相互协作、共同进步。通过团队合作，可以促进员工之间的平等和互助，共同实现企业的目标。

建立一种包容的企业文化，尊重员工的差异和多样性，避免歧视和偏见。同时，还要鼓励员工之间相互学习和交流，促进知识的共享和能力的提升。

制定平等的机会政策，为所有员工提供平等的机会和资源，确保员工在职业发展中享有平等的权利和机会。

鼓励员工参与决策过程，让员工了解企业的发展方向和战略目标。这有助于增强员工的主人翁意识和责任感，同时也能促进员工之间的协同和合作。

总之，通过建立平等的沟通氛围、实行公平的薪酬制度、重视员工的职业发展、强调团队合作和共享成果、营造包容的企业文化、制定平等的机会政策以及鼓励员工参与决策过程等措施，可以促进员工之间的平等、合作与共享，实现企业的可持续发展。

（三）切忌侮辱别人

《素书》中有句话："好众辱人者殃。"大意是说，喜欢当众侮辱别人，迟早都会给自己引来灾祸。每一句恶毒的话，都会成为一支回头的箭，迟早射伤自己。

一个有独立人格和尊严的人，自然能够理解与尊重他人的尊严与人格。贬低他人，等于自我贬低。正确看待自己手中的权力，避免无端侵犯他人的尊严。那些不懂得尊重他人的人，同样也不配赢得别人的尊重。

"良言一句三冬暖，恶语伤人六月寒"，这句俗语告诉我们要用"爱语"结善缘。在别人困难时，一句善意的话能够给人鼓励、力量和信心；一句恶意的话，会让人寒心，失去勇气和力量。无论何时候与人交往，都要设身处地为对方考虑，不要口出恶言。尊重他人是一种美德，也是个人修养的体现。

在经营过程中，不要侵犯员工的隐私和个人空间，要切记尊重每一个团队伙伴，不要贬低别人。尊重是建立良好工作关系的基础，也是促进团队合作和高效运转的重要因素。不论员工的年龄、性别、种族、宗教信仰或背景，都应给予平等对待，避免歧视或偏见。在讨论或解决问题时，避免使用攻击性或侮辱性的语言。

认可和肯定团队伙伴的贡献和努力，有助于增强团队士气和凝聚力，同时也能促进团队合作和共同成长。理解和尊重不同的观点和文化，接纳并包容不同的想法和背景，促进多元文化和创新思维，可以为企业带来更多的机遇和发展空间。在适当的时候，为团队伙伴提供建设性的反馈和帮助。这有助于他们更好地了解自己的工作表现和需要改进的地方，同时也能促进个人和团队的共同成长。

总之，尊重每一个团队伙伴是经营过程中非常重要的一环。通过给予平等对待、尊重个人意见、尊重隐私和个人空间、避免人身攻击、肯定他人的贡献、尊重不同的观点和文化以及及时提供反馈和帮助等措施，可以建立积极、和谐的工作氛围，促进团队合作和个人成长。

（四）站在对方的立场看问题

站在对方的立场看问题，就是孙子兵法"知己知彼，百战不殆"的现代运用。站在对方的立场看问题，有助于"知彼"，也大大有益于"知己"。

我们没有必要把自己的想法强加给别人，但必须要学会从他人的角度思考问题。"换位思考"是建立良好人际关系的重要原则，要想培养高情商就必须学会换位思考。换位思考的通俗说法就是将心比心，也就是设身处地为他人着想，站在对方的角度看问题。

一个擅长沟通的人会努力从他人的角度来设想，并且乐此不疲。无论与哪种人打交道，只要做到了换位思考，把握对方的心理和需求，就能做到有效沟通。

合作中站在对方的立场看问题是非常重要的。换位思考能够更好地理解他人的需求和想法，从而促进更好的沟通和合作。以下的这些建议，可以帮助你在合作中更好地站在对方的立场看问题。

在交流和沟通过程中，认真倾听对方的意见和需求，理解他们的立场和观点。给予对方表达自己的机会，不要打断或忽视他们的意见。

主动与对方进行积极的沟通，分享自己的想法和观点。在交流中，尽量避免使用攻击性的言辞或态度，而是以合作和解决问题为目标。

要特别关注合作中的细节和问题，了解对方的工作流程、需求和期望。这有助于你更好地了解对方的情况，提供有针对性的支持和帮助。尊重对方的文化、背景和价值观等方面的差异，可以建立更加包容和开放的合作关系。

尝试从对方的立场出发，换位思考。想象自己在对方的情境下会如何思考和行动，这有助于更好地理解对方的需求和关切。通过良好的合作和沟通，建立信任关系，这有助于减少误解和冲突，增强合作的效果和效率。在合作中，积极寻找和培养共同点。共同点可以促进双方的合作和共识，减少分歧和矛盾。

总之，在合作中站在对方的立场看问题需要积极倾听、关注细节、尊重差异、换位思考、建立信任关系以及寻求共同点等。通过这些方法，可以更好地理解对方的需求和想法，促进更好的沟通和合作，实现共同的目标。

（五）不滥用权威，因为大家是平等的

企业经营需要权威毋庸置疑，但权威不等于强势，真正的"强势"是得道多助的"强势"，是根植于企业员工内心的崇敬。这才能形成强有力的原动力，才能形成真正持久的强势。

一个真正优秀的领导，绝不会依靠权力来行事，一定会合理使用自己手里的职权，并且通过"势力"及"影响力"来树立自己的权威。滥用权威会将管理者与企业分离、与制度分离、与员工分离，造成离心离德。

"领导力"的核心驱动力是尊重和信任，仁者爱人，人人平等，这是管理者

围绕工作这一核心所体现的人格魅力。

在经营中，领导者要认识到每一个人都是平等的，并避免滥用权威。领导者要树立平等意识，认识到每个人都有自己的价值和尊严，他们都应该被平等对待，不因为地位、权力或身份而受到歧视或排斥。要尊重每一位员工，包括他们的观点、意见和感受。避免使用侮辱性或攻击性的言辞，而是以平等和尊重的态度与员工交流。

在做决策时，领导者要确保决策过程透明和公正。让员工了解决策的背景和原因，并给予他们表达意见和参与决策的机会。领导者要倾听员工的反馈和建议，了解他们对工作的需求和期望。通过积极的沟通，可以更好地了解员工的需求，从而制定更加公正和平等的政策和制度。

大家都是平等的，意味着领导者还要关注员工个体，让企业成为他们职业发展的平台，为他们提供培训和发展机会。激励员工成长和发展，可以增强员工的自信心和动力，同时也能为企业带来更多的价值。要努力营造一个平等、公正、和谐的企业氛围，鼓励员工之间合作和分享，还要推动员工参与企业活动，提高员工的归属感和忠诚度。

领导者需要时刻反思自己的行为和态度是否符合平等原则。如果发现有任何滥用权力的行为，应及时采取措施进行改进。

在经营中避免滥用权威并认识到每一个人都是平等的，需要领导者具备平等意识、尊重员工、透明决策、倾听员工反馈、激励员工发展、建立良好的企业文化以及自我反思和改进等。通过这些方法，可以建立一个平等、公正的工作环境，增强员工的满意度和忠诚度，同时也能提高企业的竞争力和可持续发展能力。

（六）团结是金

企业的发展与员工的团结有着重要的关系，这不仅体现管理者的智慧，更体现企业的经营管理水平。一个人能完成的事情毕竟有限，但如果众人团结一致、脚踏实地朝着共同目标迈进，就能实现"同心山成玉，协力土变金"的奇迹。

企业要具有战斗力，就必须集中所有的力量往一个方向使。只有员工之间彼此信任，消除隔阂，相互支持和帮助，才能组成一个充满活力、团结合作的团队。每个人都是一个个体,个体团结起来就成了集体,企业便能更好地凝聚在一起,全体员工才具有高度的责任感和统一性。

在经营中,"团结是金"是一种非常重要的价值观。建立共同的目标和愿景,让员工明白企业的使命和价值,可以凝聚员工的意志和行动,共同追求成功。鼓励员工之间沟通与合作,建立良好的工作关系。通过分享知识、经验和资源,可以促进团队成员之间的互补和协同,实现更好的绩效。

当团队取得成功和荣誉时,要懂得分享,对团队成员进行表彰和奖励,让他们感受到自己的价值和贡献被认可。尊重员工的个性、文化和背景,包容不同的观点和意见。通过尊重和包容,可以建立一个和谐的工作环境,增强团队的凝聚力和向心力。

在团队中,每个人都有自己的责任和角色。通过共同承担责任,增强团队的凝聚力和信任感,共同应对挑战和困难。建立信任关系是团结的基础,通过诚实、公正和可靠的行为,以及员工之间的相互支持和帮助,形成紧密的团队关系。

有效沟通是团结的关键。鼓励员工之间积极沟通,及时解决问题和矛盾,增强团队的默契和协作能力。为员工提供相应的培训,帮助他们理解并加强协作能力,提高员工的工作热情,促进团队的共同成长。

企业通过建立共同目标、沟通与合作、尊重与包容、分享成功与荣誉、共同承担责任、建立信任关系、有效沟通以及培训与发展等措施,可以建立一个团结的团队,共同应对挑战和机遇。

(七)拥有一颗宽容之心

宽容是一种胸怀,是抚慰人心的一剂良药。它能够医治人们内心深处的伤痛,消灭不为人知的恶,生发善心,并诠释人性之美。能够善于宽容他人的人,一定有着异于常人的气度和格局。

与人相处要常怀有一颗宽容他人的心,能容他人所不能容,才会拥有他人所不能拥有的。你的宽容,会让你改变自身的格局,今后受益匪浅。不仅要宽容家人、朋友,还要宽容对手乃至敌人,这是一场无声的较量,能化解潜在的危机,化干戈为玉帛。在大是大非面前,明辨是非,以大局为重,这也是宽容的一种境界。

在经营中拥有一颗宽容心，就能够更好地处理与合作伙伴、客户和员工之间的关系。首先，要理解每个人都有自己的观点和处事方式，我们需要尊重他们的差异并接纳不同的意见。其次，要学会换位思考，尝试从对方的角度看待问题，理解对方的立场和需求。最后，要学会放下执念，不要过于纠结细节和过去的错误，而是着眼于未来的合作和发展。这样就能够培养出宽容的心态，促进更好的合作关系。

假设你是一家零售店的店主，与一家供应商合作。一开始，供应商出现了一些小错误，比如送货时间延迟或者商品数量不足。这时候，如果你采取宽容的态度，先与供应商进行沟通，了解出现问题的原因，并尝试一起寻找解决方案，而不是直接指责和惩罚，这样供应商就会感受到你的理解和支持，从而更加积极地与你合作，后续双方便可以建立持久稳定的合作关系，有利于企业长期发展。

相反，如果你采取严厉的态度，指责供应商并要求赔偿损失，可能会导致合作关系破裂。供应商可能会感到不满和抵触，从而不再愿意与你合作。长此以往，频繁更换供应商，不利于企业的稳定发展。因此，通过宽容和理解来处理问题，能够促进双方的合作和信任。

（八）黄金法则：你要别人怎样对待你，你就要怎样对待别人

"己所不欲，勿施于人。"只有当你为别人付出了，别人才会相应地回馈你，因为这是一种相互的尊重。

做人，千万不要一味地向别人索取，在你伸出手之前，一定要问问自己给予了对方什么。当你希望那些跟你来往的人都赞赏你，希望人家能够肯定你真正的价值时，你也要学会用相同的方式对待别人。人与人之间的利益是相互的。当你能够将别人的利益放在心上，别人也会设身处地地考虑你的利益。当你能够把别人的利益摆在第一位，别人就会把你的事当成自己的事。

"己所不欲，勿施于人"是一种很好的经营理念，它提醒我们在经营中要尊重他人，不要将自己的意愿强加于人。要实现利益互通，首先需要建立良好的沟通和合作关系，了解对方的需求和利益点。同时，要注重公平和透明，确保双方都能从合作中获得合理的利益。此外，还要注重长期合作和可持续发展，不要只

顾眼前的利益而损害对方的利益。通过互惠互利的方式，实现利益互通，达到双赢的效果。

举一个例子来说明如何在经营中实现利益互通。假设你是一家服装品牌的创始人，你要与一家面料供应商合作，需要面料供应商提供高质量的面料来制作出时尚、舒适的服装。

为实现互利共赢，你须与面料供应商建立紧密合作的关系。因此你需要深入了解供应商的需求与利益关切，积极提供反馈和建议，帮助他们改进产品质量和降低成本。同时，你需要注重公平和透明，确保你和面料供应商都能从合作中获得合理的利益。如此，供应商必然也会以诚意回报。

另外，还可以通过一些创新的方式来实现利益互通。例如，与面料供应商共同研发新的面料和款式，提高产品的附加值和市场竞争力。这样不仅可以满足客户需求，还可以增加双方的利润。通过以上措施，你可以实现与面料供应商的利益互通，达到双赢的效果。

（九）展现自己的价值和能力

坚信自我价值，彰显个人才华，让自身的能力和特长得以闪耀，让他人见识到你的能力，并不断自我提升，展现自己的成长和潜在的实力。同时，也要学会关爱他人，深入他人的心灵，让他们感受到在你的内心世界里他们的重要性和价值。这样才可以获得他人的信任和爱戴，还能得到他人的帮助。

不断提升对自我的认知，对他人的认知，对世界的认知。不破不立，不断检视自己的思想和内心，改变自己的思维模式、心智模型，不断自我成长，自我突破，展示出更好的自己。

在经营中，展现自己的价值和能力是非常重要的。这不是自吹自擂，适当地展示自己的特点和优势，可以帮助你取得别人的信任，促成合作关系。

首先，需要了解自己的长处和特点，明确自己的定位和与众不同之处。你可以通过学习和经验积累来提升自己的专业知识和技能，并将这些知识运用到实际工作中。

其次，可以通过积极的沟通和展示来展现自己的价值。在与潜在客户或合作伙伴交流时，可以提到你擅长的领域、过往的成功经验以及能够为他们带来的独特价值。如果能提供一些具体的例子和数据来证明你的能力和成就，就会更具说服力。

此外，还可以通过建立个人品牌或形象来展现自己的价值。比如在社交媒体上分享你的专业知识和经验，参与行业活动或论坛讨论，甚至可以撰写文章来表达自己的见解和思考。这些都可以帮助你树立专业形象，并让更多人了解你的价值和能力。

展现自己的价值还需要注重诚信和实际效果。通过积极的学习和实践经验的积累，以及有效的沟通和展示，可以更好地展现自己的价值和能力。

（十）三明治式批评——夹在两大赞美中的批评

表扬—批评—鼓励，这种方式也叫三明治式批评或三明治效应，指的是当人们把批评的内容夹在两个表扬中间时，被批评的人会更愉快地接受批评。

这就如同一块三明治，第一层先是赞扬、赏识或积极反馈，第二层就是建议、批评或负面观点，第三层继续鼓励、信任或支持。通过这种"二加一"的方式表达的批评、建议，不仅不会挫伤被批评者的自尊心和积极性，还会让他们更加积极地接受批评建议，并改善自身不足，拉近彼此间的关系。

在经营中，三明治式批评是一种有效的方法，在给予批评或建议时，结合肯定和鼓励的内容，以委婉、平和的方式表达自己的看法和意见。要实现三明治式批评，可以按照以下步骤进行。

首先，肯定对方的优点和成绩。在提出批评或建议之前，先肯定对方在工作中的优点和成绩，让对方感到被认可和尊重，这样可以建立良好的信任关系。

然后，提出存在的问题或不足。在肯定成绩的基础上，委婉地提出存在的问题或不足，这能够使对方更容易接受和听取你的意见。在提出问题时，可以使用具体的例子和事实，避免使用过于主观或攻击性的语言。

接着，提出建议或解决方案。在给予建议时，要注重针对问题提出可行的解决方案，并考虑对方的实际情况和需求。

最后，鼓励对方并表达信任。在提出或解决方案之后，鼓励对方并表达信任，这能够让对方感到被支持和鼓励，同时也可以增强彼此之间的信任关系。

通过三明治式批评的方式，可以更好地表达自己的看法和意见，同时也可以让对方更容易接受和听取你的建议。这不仅可以促进工作改进和团队合作，还能够与对方建立良好的信任关系。

（十一）一切以文字为依据

在经营中，一切以文字为依据是非常重要的原则，这样能够保证经营管理的规范性和可追溯性。在整个团队中贯彻重要的指示，一切要以文字为依据，以文件的形式下达。文件可以反复阅读领会，能让所有人在同一层面上共享信息。在这个过程中，所有人就会对传达的信息有更深层次的理解。

以文字为依据，也可以避免指示的下达沦为"传话游戏"。通常，人们会依据自己的理解来对事物进行解释，因此，如果仅是口头传达，公司的指示的真实意图可能无法传达到位，甚至还可能让人产生曲解和误解。另外，文字能够跨越时间，一直被保留下来，也会给后人产生影响。

在经营中，制度和流程是保证一切以文字为依据的基础。企业需要制定完善的制度和流程，明确各项工作的职责、流程和标准，并确保制度和流程的严格执行。

建立文档管理系统可以确保经营过程中产生的文档能够及时、准确地归档和更新。通过文档管理系统，企业可以实现对文档的分类、编号、审批和查阅等操作，确保文档的完整性和准确性。

在经营中，使用标准化的表格和单据可以保证信息的准确性和一致性。企业应制定标准化的表格和单据，明确填写要求和审核流程，确保信息的规范性。

员工是企业的核心力量，加强员工培训，可以确保一切以文字为依据原则得到有效执行。企业可以定期开展员工培训，提高员工的文字表达能力和对文字的重视程度，确保员工能够准确理解并按照文字要求执行工作。

建立监督和检查机制，能够确保一切以文字为依据的制度和流程得到有效落实。企业可以定期对经营过程中的文档、表格和单据进行检查和审核，确保信息的准确性和规范性，并及时发现和解决问题。

因此，实现一切以文字为依据，需要企业注重制度和流程的制定，文档管理的标准化以及员工培训等方面的工作。

(十二) 凡事以身作则

"善为人者能自为,善治人者能自治。"一个企业能否在竞争激烈的时代潮流中得到发展,一个企业的领导者能否更好地管人理事,关键在于领导者是否有自律的意识,是否能够身体力行、以身作则。

在经营中,作为领导或管理者,凡事以身作则是非常重要的。以身作则是指通过自己的行为和表现来做出榜样和引领,让其他人能够跟随和效仿。

首先,作为领导或管理者,需要具备高度的责任感和使命感,对自己的工作严格要求,并能够积极投入到工作中。积极的工作态度会感染其他人,激发他们的工作热情和积极性。

其次,领导或管理者需要具备专业知识和技能,对自己的领域有深入的了解和掌握。在工作中,需要通过自己的专业知识和技能来做出正确的决策和指导,帮助团队解决问题和克服困难。

此外,以身作则也包括在工作中遵守规则和纪律。领导或管理者需要带头遵守公司制定的规章制度,不违反职业道德和法律法规。自身的行为将成为其他人的榜样,如果违反规则和纪律也将会对团队造成不良影响。

最后,以身作则也包括对工作的投入和奉献。在工作中,需要具备高度的敬业精神和职业素养,用心对待每一项工作。领导或管理者积极的工作态度和敬业精神将会对团队产生积极的影响,激发其他人对工作的热情和投入。

总之,在经营中,领导或管理者需要以身作则,通过自己的行为和表现来引领团队,具备高度的责任感、专业知识和技能、遵守规则和纪律以及敬业精神和职业素养是非常重要的。只有这样才能够建立起良好的团队氛围,促进企业的发展和进步。

十、团队准则

太极文化追求整体的和谐统一,团队准则应鼓励成员之间的协作和团结,共同为团队目标努力。和谐共生理念转化为团队的共同愿景,团队成员应共享并致力于实现团队的长期目标。

(一) 公司是我的，我以公司为荣，公司因我而骄傲

"天地不万古，此身不再得，人生只百年，此日最易过，幸生其间者，不可不知有生之乐，亦不可不怀虚生之忧。"这句话显示出一种对人生、对生活的一种豁达与理智。人有无穷的潜力，机会和命运大多是自己赋予自己的。无论做什么工作，只要把自己当作主人，全身心投入，命运就可以由自己把握。

企业的员工如果把自己当成主人，那么企业就像一个大家庭，大家庭的每一个成员都热爱这个家，每个人都有一片放飞自己理想的天地，都有一个实现自身价值的舞台，在这样的大家庭中每个人怎能不感到自豪和骄傲呢！

要实现"公司是我的，我以公司为荣，公司因为我而骄傲"的团队准则，需要在团队中建立共同的价值观和目标，让每个成员都明确公司的使命和愿景，以及个人在其中的角色和责任。通过培训、讨论和实践等方式，强化这些价值观和目标，让每个人都能够将其内化为自己的行为准则。

为了实现目标，团队合作与沟通是关键。企业应建立畅通的沟通渠道和高效的合作机制，鼓励团队成员之间的交流与协作。通过团队合作解决问题，共同成长，形成相互支持、相互学习的良好氛围。这样不仅能够提升团队的整体执行力，也有助于激发每个成员的潜能，增强团队凝聚力，从而推动企业持续发展。

作为团队的成员，需要不断提升自己的专业能力和技能，成为团队中的佼佼者。通过承担重要任务、积极参与项目、提供创新的解决方案等方式，展现出自己的专业能力和价值。这样公司才能为你而骄傲。要实现这一目标，需要不断寻求反馈和改进。在工作中，及时向领导和同事寻求反馈和建议，了解自己的优点和不足之处。根据反馈进行自我反思和改进，不断提高自己的工作质量和表现。

积极向上的团队氛围有助于激发每个人的积极性和创造力。通过鼓励团队成员互相赞美、分享成功经验和案例及组织团队活动等形式，营造积极向上的团队氛围。

总之，要实现"公司是我的，我以公司为荣，公司因为我而骄傲"的团队准则，需要注重团队合作、个人专业能力的提升、积极寻求反馈和改进以及营造积极向上的团队氛围等，建立高效、有凝聚力和向心力的团队，为公司的发展和进步作出贡献。

（二）事业是我们的，我们的事业我们经营

事业是我们大家自己的事业，是所有员工共同努力的成果，依靠每一个人的智慧，属于每一个付出努力的人。大家一起经营、一起思考，每个人都可以发表自己的意见，为经营出谋献策，参与制定经营计划，努力实现自己的想法。

当所有人将工作当成自己的事业，就会因此迸发出无尽的热情与活力，自身潜能也会得到最大程度的挖掘。在不懈的努力下，业绩不断攀升，每一次小小的进步，都会收获不小的成就感，继而信心越来越足，不断超越自我，追求完美，取得更大的突破，职业幸福感也随之提升。

当所有人积极参与经营时，对于经营事业本身的责任感也会油然而生。每位员工通过参与经营实现自我价值。当大家团结一心，共同奋斗，团队目标便能顺利达成。所以，要在团队中培养自主经营的意识，让每个成员都能够以经营者的心态来对待自己的工作。鼓励他们积极参与到公司的经营活动中来，通过自己的努力和创新来提高工作效率和质量，实现个人和公司的双赢。

团队合作是实现这一目标的关键。需要建立良好的沟通渠道和合作机制，鼓励团队成员之间交流和协作。通过合作解决问题、共同成长，形成互相支持、互相学习的良好氛围。同时，还需要注重跨部门之间的合作和沟通，让不同部门之间的资源得到充分利用和整合。

为了帮助团队成员更好地经营自己的事业，企业需要提供全面的培训和支持，包括专业技能培训、领导力培训、团队合作培训等，让每个人都能不断提升自己的能力和素质。同时，还需要提供必要的资源支持，帮助他们更好地完成工作任务和实现事业目标。

建立有效的激励机制可以激发团队成员的积极性和创造力。通过制定合理的奖惩制度、提供晋升机会、鼓励创新和表彰优秀等形式，激励团队成员更加努力地经营自己的事业。同时，还可以通过分享成功经验和案例、组织交流会等方式，让团队成员之间互相学习和借鉴，共同进步。只有如此，才能构建高效、团结、有向心力的团队，共推公司目标实现。

（三）听从委员会指挥，服从团队决定，我才是个合格的领导人

服从是执行的基石，是执行的第一要素。从本质上说，服从是每个员工应尽

的义务，也是保障执行力的前提。无论是服从领导的指挥，服从组织的安排，还是服从团队的决定，都是一个员工必须遵守的规则和理应承担的责任。服从应该成为所有执行者奉行的最重要的行为准则。

在公司范围内，一个合格的管理者在思想及行动上要遵循公司利益高于一切的原则，无时无刻维护好公司有形利益及无形利益（形象、名誉、信用等），忘却小我，成就大我。个人利益应服从部门利益，部门利益应服从公司利益。只有保证了公司利益，才有部门利益，才能更好地保证个人利益。

管理者应该遵循公司的战略和指导方针，确保自己的工作与公司整体方向保持一致。同时也要尊重团队成员的意见和需求，与团队成员保持良好沟通，积极倾听他们的建议，以实现共同目标。

在做决策时，要充分考虑团队成员的意见，并在必要时与他们协商，以确保决策符合团队的整体利益。在实施决策时，要确保团队成员了解并理解决策的目的和意义，同时也要给予他们必要的支持和资源。鼓励团队成员积极参与工作，激发他们的创造性和团队合作精神，共同实现团队目标。

（四）在协调中学兼顾，在两难中求圆满

两难是人们常常遇到的处境。遇到问题要设置两难情景，充分思考，才能有所行动。兼顾是化解两难处境的有效方法，兼顾不了就会有新突破，绝路逢生。

《易经》告诉人们，阴阳是随时变化的，不要太早做决定。有意把事情的起点放在两难处境，目的就是要人们慎始。"一阴一阳之谓道"，阴阳是一个整体，万事万物都是一体两面，不能走极端，顾此失彼。兼顾，就是两边都考虑，面面俱到，把矛盾统一起来。

在经营中，我们经常会面临各种矛盾和冲突，比如追求利润与满足客户需求、创新与保持稳定等。当出现矛盾与冲突时，学会兼顾就显得尤为重要。

首先，要对面临的问题有清晰的认识，并深入分析其中的矛盾和冲突。了解问题的本质和根源，才能更好地找到解决办法。在分析问题的基础上，要全面考虑各种因素，比如利益相关者的需求、公司的战略目标、市场环境等。

其次，在找各种因素之间的平衡点时，要注重权衡和取舍。根据实际情况，对各种因素进行权重分析，并做出合理的决策。

最后，兼顾的过程并不是一次性的，而是需要不断优化和调整。要根据实际情况和市场变化，及时调整策略和方法，以保持平衡并取得更好的经营效果。

通过以上方法，可以不断在实践和协调中学会兼顾，在两难中求圆满，提高企业的经营效率和质量。

（五）富泉事业是合作的事业，我们需要配合

认真工作的人都会懂得配合，工作中的合作不仅会给事业带来益处，也会让自己各方面的能力得到强化。

假如你的目标是攀登高山，那么就要两只脚默契地合作才能完成攀登。一只脚紧随另一只脚，左右交替，互相协作，你追我赶，才能登上巅峰。

"一盘散沙不成器，聚沙成塔终有成。"一个企业，只有团结合作，才能壮大发展。个人能力再强，没有团队，终将一事无成。相反，即使个人能力普通，借助团队的力量，也可以成就非凡。尺有所短，寸有所长，没有完美的个人，只有完美的团队。相互配合，可以弥补个体的不足，共同走向成功。

富泉事业是合作的事业，需要每一个人的配合和共同努力。只有团队成员之间建立起良好的合作和配合关系，才能够实现公司的战略目标和发展计划。

合作需要建立良好的沟通渠道，团队负责人要与团队成员保持良好的沟通，及时了解他们的想法和建议，并积极倾听他们的意见。根据每个人的专业和能力，合理分配工作任务，确保他们能够在工作中发挥自己的优势和潜力。鼓励团队成员之间进行合作和分享，共同解决问题和应对挑战。同时也要给予他们必要的支持和资源，帮助他们更好地完成工作任务。建立激励机制，对团队成员进行表彰和奖励，以鼓励他们更好地配合和协作，实现公司的合作事业更好地发展。

（六）我做给你看，你做给我看，你自己做

示范效应是指一种行为模式或现象，对人们的思想和行为产生影响，并激发人们模仿和学习。在工作中，示范效应可以表现为领导者的行为对下属的影响，以及同事之间的相互影响。

"眼见为实，耳听为虚"，边做给他看，边讲给他听为什么要这么做。手把手地带着做，举一反三，言传身教能让所有人的工作越做越清晰。然后让他做一

遍给你看，并现场检查。一定要在实践中看到成果，这样的教育培训才真正起到了效果。最后放手让他自己做，他在操作中了解、体悟。很多时候看起来他是学会了，但可能是一知半解，又或者这次检验会了，下次又不会了，因为他可能没有理解每一步背后的原因，只有放手让他自己做，才能慢慢理解透彻，即使过程中出了错也是一种历练。

除了相互学习和借鉴，自我反思和总结也是非常重要的。在完成工作任务后，还应该及时进行反思和总结，思考自己在工作中哪些地方做得好，哪些地方还需要改进。通过反思和总结，不断优化自己的工作方式和方法来提高工作效率和质量。同时，也可以从中学习到更多的经验和知识，为未来的经营工作做好准备。

（七）消极因素往上报，积极因素向下传，不议论他人私生活

"消极因素往上报，积极因素向下传。"这句话是指在团队中，对于工作中遇到的问题和困难，应该及时向上级领导或负责人报告，以便及时采取措施加以解决。而对于工作中的积极因素和良好表现，则应该向下传达，鼓励和激励团队成员，增强团队的凝聚力和士气。

企业管理中，要允许员工把消极因素往上报，这是控制负面情绪的最好时机，能让管理者在一定程度上主动掌握信息，及时做好原因分析，找出所有可能造成消极影响的因素，快速制定解决方案，及时解决问题。员工遇到问题和困难时，及时向上级领导或负责人报告，可以避免问题扩大或恶化，及时采取措施加以解决。同时也可以让上级领导或负责人了解工作进展和实际情况，从而更好地协调资源和力量，提高团队效率。

向上报告消极因素可以促进个人成长和提高解决问题的能力，而向下传达积极因素则可以激励团队成员积极进取，不断学习和提高，可以增强团队成员之间的合作和信任，激发团队士气和凝聚力。在实践中，要注意以下几点。

向上报告消极因素时要客观公正，不夸大其词或歪曲事实，而向下传达积极因素时也要真实可信，不虚伪或不实。向上报告消极因素时，要着眼于解决问题，提出建设性的方案，而向下传达积极因素时，也要以激励和鼓舞为目的，增强团队的凝聚力和士气。

在向上报告消极因素或向下传达积极因素时，要注意沟通方式和方法，尊重他人的感受和意见，避免引起不必要的矛盾和冲突。

但需要注意的是，闭上随意评判他人的嘴，夸人的话不一定能带来好运，但诋毁别人的话一定会给自己埋下祸端。切记不议论他人私生活，管不住自己嘴巴的人，永远不会取得他人的绝对信任。谨言慎行才是正确的处世之道。在与同事交往中，始终保持尊重和礼貌，将注意力集中在工作上，关注如何完成任务、提高工作效率和质量。如果听到有关别人的私生活的话题，不应发表任何评论或观点。不要传播关于别人的私生活的谣言或八卦，议论传播可能会对别人造成伤害和困扰。每个人都有自己的隐私和个人空间，不要试图干涉别人的私生活。

（八）向师父学习，在自己部门检查

遇到问题只向师父请教，不随意向旁人、其他部门或其他公司乱学习。因为，一是学不到真功夫，二是可能形成消极的影响。自己的师父最了解你的悟性与个性，会因材施教，根据你的资质与接受程度，为你"量体裁衣"地答疑解惑。

做好自己部门的工作，不要随意插手其他部门的工作。每个员工都要摆正自己的位置，做好自己的本职工作。只有这样，整个团队才能发挥出最大的作用，公司才能有序有效地运行。在自己的部门内进行定期检查，回顾自己的工作表现和成果，并反思如何改进和提高。工作中可以借鉴师父的经验和方法，或者从同事身上学习新的思路和技巧。与同事之间建立良好的合作关系，互相学习和支持。部门内可以组织团队讨论会或者分享会，让每个人都有机会分享自己的经验和知识，共同提高。

总之，向师父学习并应用他们的经验和方法，同时在自己部门内进行定期检查和反思，可以帮助你不断提高自己的工作能力和水平，为公司的经营和发展做出更大的贡献。

正如《易经》中的"鼎卦"象辞："木上有火，鼎；君子以正位凝命。"一个人只有安于自己的本位，给自己定好位置，才能够做好自己的事业。曾子也有言："君子思不出其位。"强调人应当各尽其职，不要越权去做不该自己做的事情，不要去做超出自己职权范围的事情。

（九）只有推崇，团队才有凝聚力

只有懂得了推崇，才能真正懂得"四两拨千斤"的力量来源。在团队中相互推崇，团队才能真正得到成长。这就是榜样的力量，可以激励和引导其他成员积极向上，努力奋斗，把别人的优点适当放大，发自内心的尊敬和重视就是最好的推崇。

推崇是最有效的管理。推崇让你更易接近目标、实现梦想；使你更加自信、增强信念、不惧怕挑战；让你在表达尊重和真诚时产生凝聚力、威信，更具人格魅力；使你心态归零，不断建立正确的定位；使你心态积极，消极时得到力量，拥有智慧，大大提升能量；还可以让你的团队形成统一的思维模式和行为模式，最终得到稳定的经济自由、时间自由和人际关系自由。

在挑选榜样时，要选择在能力、品质、行为等方面具有榜样特征的成员。这些特征包括专业知识、技能、责任心、团队协作能力等。在树立榜样时，要强调他们的成功经历和成就，以激发其他成员的追求。这些成功经历包括重要的项目成果、突出的业绩表现、优秀的团队合作等。如果榜样获得了荣誉或奖励，要第一时间积极展示出来，以吸引其他成员的关注和学习。这些荣誉和奖励可以是公司内部的表彰、证书、奖杯等形式。

被推崇的榜样可以与团队成员分享他们的经验和知识，以便其他成员学习和借鉴。这些经验和知识可以是关于工作技巧、项目管理、沟通协调等方面的。

在树立榜样后，要鼓励其他成员向榜样看齐，学习他们的优点和长处。这可以通过给予其他成员一定的激励和支持来实现，例如表扬和奖励成长提升很快的成员。

树立榜样和推崇并不是一次性的活动，需要持续和更新。要及时发现和表彰新的榜样，同时也要关注榜样的成长和发展，以便更好地激励其他成员，引导其他成员积极向上、追求卓越。

（十）人生最大的耻辱是以权谋私，损人利己

所谓以权谋私者，就是利用手中的权力牟取私利。自私是一种违反公平、伤害他人利益的自利行为。

自私行为的表现通常是为了满足自身私欲去侵害他人的正当权益。当一些人的人生观、世界观、价值观产生扭曲，把手中的权力作为谋求个人私利的工具，必然会损害他人的利益。

《素书》中有："短莫短于苟得，幽莫幽于贪鄙，败莫败于多私。"说的就是组织当中，权力者不能够贪图眼前的利益，见到一点蝇头小利就扑上去。其次，不能贪图组织利益，组织的利益是所有人共同努力的结果，并非权力者个人的。

在经营团队中，以权谋私、损人利己的行为不仅会损害团队的凝聚力和合作精神，还可能给整个团队带来严重的负面影响。要采取以下有效的措施，避免在团队中出现这种不良行为。

建立一套公正公平的制度和流程，确保每个成员在团队中的地位和权利都是平等的。同时，在决策和资源分配过程中要遵循公平原则，避免出现偏袒或不公正的现象。

定期开展道德教育和培训，提高团队成员的道德意识和责任感。强调诚信、公正和责任感的重要性，帮助成员理解并遵守职业道德规范。

为每个团队成员分配明确的职责和角色，确保每个人都清楚自己的责任和权利。这样可以减少出现权力滥用或以权谋私的情况。

建立畅通的沟通渠道，鼓励团队成员之间积极沟通，避免信息不对称和误解。及时发现并纠正不良行为。

建立监督和问责制度，对团队成员的行为进行监督和管理。对于违反道德规范或规章制度的行为，要严肃处理并追究责任，树立良好的警示作用。

积极表彰和激励表现出良好道德行为的团队成员，树立榜样力量。引导其他成员积极效仿，形成正面引导效应。

定期对团队的工作进行评估和审查，了解团队成员的工作表现和行为。及时发现不良行为并采取纠正措施。

努力营造信任和尊重的文化氛围，使每个团队成员都感受到被尊重和重视。减少损人利己的行为的发生，增强团队的凝聚力和合作精神。

（十一）投资与提升自己

在探讨个人财富积累的过程中，我们认识到个人的行为模式和价值观对经济状况有着显著的影响。一些人通过持续的努力、投资自己和他人，以及承担风险，逐渐建立起了稳定的经济基础。他们理解从长期来看，通过为社会贡献价值可以获得相应的回报。

成功往往与个人的努力、责任感以及对未来的规划密切相关。愿意投入时间、精力去追求目标的人，通过不断地学习和成长，提高了自己的能力，从而为实现个人目标奠定了基础。

鼓励共同成长的理念，即通过合作和互助，个人和社会都能实现更加繁荣的未来。在这一过程中，每个人的付出都是宝贵的，无论是物质上的支持还是精神上的鼓励。

知识与技能、人际关系、健康与容貌、家庭背景、智力与情商等都是无价的无形资产，无疑是我们最不可或缺的宝贵财富。有形资产如金钱、房子、车子，这些东西都可能会在某个时刻完全不属于你。但无形资产是你个人所特有，除非自己放弃，没有任何人可以夺走它，与有形资产比起来，它更为重要。"投资自己的头脑和健康永远是最高回报的投资"，就是让人们投资无形资产，从而收获更多的无形资产和有形资产。

（十二）在会议中销售产品，在会议中扩大团队，以目标和责任为导向

在商业活动中，把产品销售出去，是整个活动的最终目的。产品销售，万变不离其宗，要掌握销售的关键所在，就要对活动有精准的定位。要明确产品的优势和劣势，要清楚了解消费者的消费心理和消费偏好，根据这些要素做出准确的判断。

想要让活动取得成功，通过会议销售更多的产品，就需要组建优秀的团队。团队必须配合默契，团队个体都要有极强的个人能力，单兵作战和团队配合都能掌控，能够让销售活动事半功倍，取得意想不到的效果。

要利用好会议销售产品和扩大团队，在会议前需要制定详细的会议计划，包括会议的目的、议程、时间安排、人员分工等。同时，需要准备好相关的销售资料和展示资料，确保会议的顺利进行。根据产品特点和目标客户的需求，邀请有潜在购买意向的客户参加会议。可以通过电话、邮件、短信等方式进行邀请，并

提前与客户沟通，了解他们的需求和问题，以便更好地为他们提供服务和产品。

在会议中，需要向客户介绍产品的特点和优势，同时还需要与客户建立信任，提高品牌认知，可以通过案例分享、客户见证、产品展示等方式来进行。针对客户的问题和需求，提供相应的解决方案。这需要团队成员具备专业的知识和技能，以及对客户需求的理解和把握能力。

在会议中，要向客户介绍团队成员和公司的背景，以及公司的理念和文化。这有助于增强客户的信心，同时也可以吸引更多的优秀人才加入团队。

在会议后，还需要做好客户跟进工作，了解客户的购买意向和需求变化，通过电话、邮件等方式与客户保持联系，并提供相应的服务和支持。

在会议销售和扩大团队的过程中，需要不断总结经验教训，不断改进和提高自己的销售和服务能力。也需要通过内部培训、外部学习等方式来提升团队的整体素质和能力。总之，利用好会议销售产品和扩大团队需要制定详细的计划和策略，注重客户需求和体验，建立信任和品牌认知，提供专业的解决方案和服务，以目标和责任为导向，同时不断改进和提高自己的能力水平。

十一、生活准则

（一）实事求是

"实事求是"一词最早出自于东汉班固的《汉书·河间献王传》，原意是指根据实证，求索真知，现多用以按照实际情况办事，不夸大、不缩小。做人做事的首要准则就是要脚踏实地，做事要实实在在，这也是企业经营发展和成功的基础和根本所在。

要做到实事求是，首先要了解事情的真实情况。这意味着我们需要通过观察、研究和分析，获取可靠的信息和数据。然后，我们需要用这些事实来指导我们的行动和决策。同时，我们也要勇于面对事实，不逃避问题，不掩盖真相。

一切从实际出发，稳扎稳打，不要"没学会走就想跑"，这样迟早会摔跟头。万丈高楼平地起，楼能建多高就看基础打得有多牢。踏踏实实做人，勤勤恳恳做事，方能走得更高更远。

比如，在工作中，领导要求你完成一份报告。如果你不清楚如何入手，可以先通过查阅相关资料、收集数据等方式，对任务进行充分了解。然后，基于这些事实，列出需要完成的任务清单，并逐步完成每个任务。在这个过程中，需要保持客观，不受任何主观因素的影响，以确保报告真实反映了实际情况。

总之，实事求是是一种基于事实、客观、冷静和理智的态度和方法。通过不断学习和实践，培养实事求是的能力，从而更好地应对各种挑战和问题。

同时，人与人之间的交往也要实实在在，不管别人怎么做，我们还是要坚持我们做人做事的原则，实实在在。人在做，天在看，凡事你种的什么因，就会得到什么果！只有把自己做好了，不忘本心，才能得到我们想要的，也不会迷失自我和失去底线。

（二）自信人生两百年

毛泽东主席所作的《七古·残句》有两句留存："自信人生二百年，会当水击三千里"。这句话透露出毛主席对人生的自信和豪情壮志。

英国文学家海明威有句名言："人生应该充满自信和勇气，因为它们是持续二百年的力量。"这句话不仅表达了自信和勇气的重要性，更指出了这些品质是一个人能够持续走向成功的关键所在。

自信是人们在面对内外部挑战时必须具备的品质，在面对挑战时，如果缺乏自信，人就会变得气馁、失去信心，从而出现自我怀疑等消极情绪，影响后续的行为和决策。

勇气也是人们在面对困难和逆境时必须具备的品质，因为困难和逆境本身就是提高个人能力和磨炼意志的机会，而勇气则可以让人们顶住压力，克服挑战，不断成长和进步。

"苟安者弱，拼搏者强；自强者昌，自弃者亡。"勇气和自信并不是与生俱来的，也需要不断在实践中提升。《荀子·修身》中指出："以修身自强，则名配尧禹。"只有不断地加强自己的修养，加强学习、思考与实践，才能不断使自己变得强大。自信和勇气可以推动一个人不断地实现个人价值和人生追求，同时也可以帮助个人在竞争激烈的现代社会中保持优势。

(三) 工作和休息两者都重要

工作和休息看似是一对矛盾体，但其实是和谐统一的。人们不能一味地劳作，也不能一味地休息，过犹不及，只强调任何一个方面都是片面的。

树立正确的工作观，首先就要认识到工作和休息同等重要，缺一不可，懂得休息的人才能做好工作，工作做好了才是休息的基础和前提。如果只沉醉于工作，不注意身体休息，损失了健康，那是得不偿失的。如果只想不劳而获，上班摸鱼，少工作多休息，最终的结果一定是既无法提高个人能力，又不能获得认真工作带来的成果，这也是得不偿失。

不管是企业的高管还是一线的员工，都要认识到工作和休息的重要性，管理者在制定企业工作制度的时候要注意劳逸结合，保证劳动者享受法定的休息时间，严禁出现超时加班的情况，对于按时工作保证工作时间的劳动者也要给予全勤奖等鼓励，同时劳动者也要恪守企业制定的工时制度。

在工作中，要制定明确的目标和计划，合理安排时间与高效工作。同时，也要给自己留出足够的休息时间，避免过度劳累。树立积极向上的工作态度，保持对工作的热情和责任心。

工作之余要学会放松，参加一些自己喜欢的活动，如运动、旅游、看电影等，这有助于缓解工作压力，恢复体力和精力。保持健康的生活方式，如规律作息、健康饮食、适度运动等，这些都有助于提高身体素质和免疫力，为工作提供更好的保障。

如果感到工作压力过大或出现负面情绪，可以寻求家人、朋友或同事的支持和建议，他们可以帮助你渡过难关。

总之，树立正确的工作观需要我们保持积极向上的心态，合理安排工作和休息时间，并坚持健康的生活方式，从容应对工作中的挑战和压力，保持身心健康。

(四) 储蓄和消费两者都重要

是存钱重要还是花钱重要？可能每个人的答案都不一样，其实，就正确看待和使用金钱而言，储蓄和消费是同样重要的。

如果挣来的钱只用于储蓄而不消费，人就会变成守财奴，容易让金钱变成主人，而不是为人服务。如果只是沉迷于无尽的消费欲望，没有储蓄意识，甚至过度超前消费、大量透支消费，往往会在危机时期被重担压垮，甚至造成财务和个人信用破产。

如果想要和金钱建立一种健康的关系，真正清醒自主地生活，就必须懂得明智地使用金钱。一方面，要做好合理的储蓄和消费计划，让自己有对抗风险的底气；另一方面，要懂得克制不合理的欲望，避免过度的消费支出。

拥有金钱也意味着有解决问题的能力，但金钱也不能解决所有问题，有时候它还会带来一些问题。有一定的积蓄是必要的，但也一定要明白，积攒下来的钱终究还是会流出去的。银行账户的数字本身并无实质价值，金钱的真正价值在于其交换能力，而非单纯的占有。在赚钱的过程中，我们创造了价值；而在花钱时，我们不仅交换了他人创造的价值，更激励了他们去创造更多价值。这一过程促进了社会财富的流动和增长，体现了金钱作为一种经济媒介的核心作用。因为金钱本质上是一个交换工具，所以它只有流动起来才有价值。总之，如果把太多注意力放在金钱的具体金额上，就把自己的主动权交给了金钱，而不是发挥自己的智慧去正确驾驭金钱。

储蓄和消费两者都重要，树立正确的金钱观，帮助你保持理性和负责任的金钱态度。在消费时，理性对待自己的需求和欲望，根据自己的经济状况和实际需求来制定合理的消费计划，避免过度消费和浪费。

储蓄是应对未来不确定性的重要手段。要树立储蓄意识，定期存钱，并逐步建立应急储备，在遇到突发事件或需要大额支出时，有足够的资金可以应对。在投资方面，要了解投资风险并谨慎决策，不要盲目追求高收益，而是要根据自身的风险承受能力和投资目标来制定理性的投资计划。

正确合理使用信用卡和其他贷款工具，建立良好的信用记录，有助于提高个人信用评级，为未来可能的贷款需求提供便利。经常学习基本的理财知识，如投资组合、定期定额投资等，这有助于更好地管理自己的财务，提高财富积累的效率，避免出现债务负担，如信用卡债务、个人贷款等。如果已经陷入债务困境，要积极采取措施进行偿还和解决。

总之，树立正确的金钱观需要我们理性消费、储蓄优先、理性投资、建立良好的信用记录和学会理财。同时，要避免陷入债务陷阱，保持理性和负责任的金钱态度。只有这样，我们才能更好地管理自己的财务，实现财务稳定和长期财富积累。

（五）实话实说

在人际交往中，语言是有力量的，说话的魅力并不在于说得多么流畅，多么滔滔不绝，而在于表达的内容是否真诚。无论是公务场合、私人交往还是家庭生活中，说话要真诚，讲真话。

虽然没有人能拍胸脯说两件事情：一是从没说过谎，二是从没上过当。但还是尽量不要说谎（善意的谎言除外），因为一个谎言往往需要十个谎言来圆，甚至还圆不了。实话实说和诚实是非常重要的品质，在说话和做事时，要尊重事实，不歪曲或捏造事实。如果需要表达自己的观点或看法，要以事实为依据，进行客观的分析和评价。在面对问题和困难时，不要隐瞒真相或逃避责任，要勇敢地面对问题，诚实地表达自己的想法和态度，并积极寻求解决方案。在言行上要保持一致，不要口是心非或表里不一。如果做出了承诺或决定，就要尽力履行，不要轻易改变或推卸责任。

如果发现自己犯了错误或给别人带来了困扰和伤害，要勇于道歉并承担责任。这表明你认识到自己的错误，并能尊重和关心他人。

在听到他人的批评或建议时，要虚心接受并认真反思。不要因为面子或个人情感而否认或辩解，而是要以开放的心态接受他人的意见和建议。不要传播未经证实的消息或谣言，这会损害他人的声誉和利益。如果听到谣言，可以向当事人或相关机构求证，以避免误导他人或造成不必要的麻烦。

个人和企业要想在商场中立足，就必须懂得这两点：说话诚实，办事公道。曾经有位成功的企业家说过："其实一个老板，不必要有太大的能耐，最要紧的是要诚实厚道，然后你的员工就地道了。"

总之，诚实和正直是建立信任和良好关系的基础。通过尊重事实、不隐瞒真相、言行一致、勇于道歉、接受批评和不传播谣言等行为，我们可以树立起诚实和正直的形象，赢得他人的信任和尊重。

（六）信守承诺

"人无信不立"，做人是这样，做企业也是这样。诚信是人与人交往的基本准则，是沟通人与人之间心灵的桥梁和基石。

在复杂多变、竞争日趋激烈的社会，个人要安身立命，企业要长足发展，诚信都是极其重要的。一个不讲诚信的人，也许一两次能侥幸蒙混过关，但时日见长就会失了人心，难以在社会上立足。

古人说："一诺千金。"这句话的分量是极重的，关于诚信的例子不胜枚举。季札是春秋时吴国的一位有名的公子，他德才兼备，誉满天下。有一次，他出使鲁国，路过徐国时便顺便与徐国国君会晤。席间，徐国国君看中了季札腰间的宝剑，希望季札能赠予他。可是，季札考虑到自己还有出使的任务，而佩剑是使者的必备之物，不能送人。于是，他当时没有表态，而是在心里做了决定，等完成出使任务回来再将宝剑送给徐国国君。季札牢记自己心中的诺言，在顺利出访鲁国归来途经徐国时，他准备把宝剑赠与徐国国君，可对方却已经不幸去世了。季札感到十分遗憾，便来到徐国国君墓前祭拜，并把宝剑挂在了他墓前的树上，完成了自己心中的约定。

一个诚信的人或团体比较容易让人信服，与别人的合作也更加顺畅。而那些不讲诚信的人或团队，要么找不到合作对象，要么与别人的合作不愉快。

不信不立，不诚不行。企业的成长不是个人就能支撑的，而是需要领导和员工的共同努力。领导者在企业中就如同一个领航掌舵的人，他的言行举止、一举一动都会影响员工的处事方式，如果领导厚道、诚信、坚持原则，员工长期受"近朱者赤"的熏染，也会变得厚道起来，企业也会受到社会的认可。

信守承诺是我们在社会中立足的重要品质之一。在做出承诺之前，要认真考虑自己的能力和实际情况，确保自己能够履行承诺。不要轻易做出无法实现的承诺，以免失去信任和信誉。一旦做出承诺，就要尽全力履行。即使遇到困难或挑战，也要想方设法克服，不要轻易放弃或违背承诺。这有助于建立良好的信任关系，赢得他人的尊重和信任。

如果在履行承诺的过程中遇到问题，要及时与相关方沟通，说明情况并寻求解决方案。不要隐瞒或拖延，以免造成更大的问题和损失。如果承诺无法履行或出现失误,要勇于承担责任并积极采取补救措施。不要推卸责任或逃避问题,这只会让问题更加复杂和难以解决。在做出承诺时,要保持透明和公正,不要有任何隐瞒或欺骗行为,因为这会破坏信任关系并影响个人信誉。要重视自己的信誉建设,通过信守承诺、诚实守信等行为来逐步树立良好的信誉。这有助于你在社会中立足并获得更多的机会和资源。

总之,通过认真对待承诺、履行承诺、及时沟通、勇于承担责任、保持透明和公正以及培养良好的信誉等行为,可以树立起信守承诺的形象,赢得他人的信任和尊重。

(七)做个幽默的人

幽默的人,可能一开口就赢了。有研究表明,幽默的人八成以上都会受到身边人的偏爱,因为他们遇到尴尬事,能轻轻松松一句话化解;被人责难时,自嘲一下避免尴尬和困境;初次相见,就能让身边的人心情愉悦。幽默的人不仅可以让生活和世界变得更有趣,最重要的是他们让周围的人舒适。

有一次,作家林语堂参加一个毕业典礼。前面的人冗长的演讲让他难以忍受。轮到林语堂时,已经11点半了。林语堂站起来说:"绅士的演讲,应当像女人的裙子,越短越好。"大家一愣,好一阵子才反应过来,之后就是哈哈大笑。这则笑话,在报纸上登载出来,成了第一流的幽默,被人们争相传诵。

林语堂曾说:"自嘲是幽默的最高境界。"但自嘲并不是看不起自己,而是看淡自己的缺点,幽默地把缺点转化为自己的特色,从而以诙谐有趣的话语,具有亲和力的肢体动作,来赢得人际交往中的好人缘。谑而不虐,这才是君子的小聪明和大智慧。

做一个幽默的人有很多好处。首先,幽默可以让你更受欢迎,因为人们通常喜欢和有趣的人在一起。其次,幽默可以帮助你更好地应对生活中的挫折和困难,因为它可以帮助你保持积极乐观的态度。此外,幽默还可以增强你的创造力和想象力,因为你需要不断地想出新的有趣的想法。最后,幽默也可以帮助你更好地理解自己和他人,因为它可以帮助你更好地了解人类的情感和行为。做一个幽默的人可以使人更加快乐、自信和成功。

幽默并不是简单地讲几个段子和笑话,而是一种乐观豁达的态度,是一种内心智慧的外在表现，是表达者个人经历、修养的一种集中呈现。做个幽默的人，并不一定只是在大众或者社交场合去展现，更多的时候是要持有一种乐观的心态，在遇到困难的时候，也可以自嘲几句，让单调的人生充满了勃勃生机，用积极向上的心态解决前进路上的一个又一个困难。

（八）憎恨错误但不憎恨人

世间本没有绝对的错误和绝对的正确，不能简单地用非黑即白的标准来判定。任何一个人都是有优点也有缺点的，只是每个人优缺点的比重不尽相同，每个有缺点的人，也会有他的可爱之处。

如果你被伤害，你必须有所回应，你可以憎恨错误但不必去憎恨人，因为人们常常站在道德的制高点，以自己的标准来判断是非，指责别人的错误，而忘记看看自己的不足。世上没有完美无缺的人，人人都会犯错，我们教育别人，是为了让一个人改正错误，而不是对他进行报复性的伤害和憎恨。

另一方面，如果因别人的错误而受到伤害，与其把愤怒的心情变成憎恨，不如冷静自省，把愤怒转化为前进的动力。因为在追逐理想的道路上，如果没有挫折和痛苦、没有痛彻心扉和摧肝折胆的悲痛，就不会磨炼出坚强的意志。如果没有伤害你的人，你可能也认识不到社会和人性的复杂，也看不到自身的弱点和缺陷。相反，正是他们，才让你的前进路上起起伏伏，不断靠近成功的彼岸。

要憎恨错误但不憎恨人，其实是要保持一个正确的态度和心态。首先，我们要明白，很多错误是人无意识地犯下的。在处理这类错误的时候，我们应该把重点放在解决问题和避免再次犯错上，而不是去责备或憎恨犯错的人。

其次，我们可以试着换位思考。想想看，如果我们是犯错的人，会希望别人怎样对待我们呢？是不是希望别人能够给予理解和帮助，而不是指责和惩罚呢？这样想的话，我们就会更容易以一个积极的态度去面对和处理错误。

最后，我们还要学会宽容和包容。人无完人，每个人都有可能犯错。在别人犯错的时候，我们应该以一种宽容的心态去理解和接纳他们，并给予改正错误的机会。这样不仅可以避免产生不必要的矛盾和冲突，还可以帮助别人更好地成长和发展。

（九）克服忧虑方程式

人人都想成功，但成功之路并非一帆风顺，因为每个人都有自己的弱点，使得通向成功的路布满了荆棘。需要克服自己的弱点，消除忧虑，以阳光的心态迎接未来。

正确地认识自己是每个人一生都要做的功课，要正视每一个人都有的本性上的弱点，找到和它们和谐共处的方式，学会调节自己。每一个能够战胜自己的人，都会知道自己的弱点，并且会想办法克服它。

当面临困难和挫折的时候，容易产生比如忧虑、害怕、不安等不良情绪，我们应该如何克服呢？首先要保持冷静，思考面前的困难应该如何化解，同时评估自己的能力。在情绪上稳定下来，心安了，才能够行动。所以内心的强大，决定我们是否能够成功。

只有清楚地认识自己，才会知道如何处理自己的情绪，并且付诸行动。科学地认识自己，就是学习如何提高自己的思想境界，学会舒缓情绪，堵住内心情绪上的负能量。如此，我们会更加地积极勇敢，不会处于紧张焦虑的状态。

人生肯定会经历各种各样困难和挫折，我们要在顽强的抵抗中成长。克服自己的弱点、调节情绪也属于抵抗，我们要在抵抗中取胜，就需要不断增长智慧，提高能力，拥有阳光积极的心态，不断向着目标前进。

克服忧虑的方法有很多，首先要接受不确定性，忧虑往往源于对未知或不确定性的恐惧。接受不确定性，放松心态，不要过于担心未来的事情，因为很多事情是无法预测和控制的。如果你正面临一个具体的问题或挑战，就去找到解决问题的方法，并制定一个详细的计划。这样可以帮助你集中精力解决问题，减少忧虑。

思维方式是影响情绪和行为的重要因素。你可以尝试改变自己的思维方式，从积极的角度看待问题，或者采用乐观主义的态度来面对困难和挑战。与亲朋好友或专业人士分享你的忧虑和问题，获得支持和建议，有助于减轻你的负担，并帮助你更好地应对问题。积极的生活态度可以帮助你看到更多的机会和希望，而不是问题和挑战。

总之，克服忧虑需要你接受不确定性、找到解决问题的方法、改变思维方式、寻求支持、培养放松技巧以及保持积极的生活态度等。通过这些方法，逐步克服忧虑，保持平静和乐观的心态。

（十）做个负责任的人

承担责任一定会付出代价，而且代价和回报不一定是对等的，没有哪一种责任是不用承担代价的。负责任不仅意味着付出时间、精力和金钱，而且意味着可能因为做得不好而受到责备，甚至受到处罚。当然，承担责任不仅只有付出代价，往往伴随着获得回报的权利。这种回报既包括物质方面，又包括精神方面，对我们而言，更重要的是精神方面的回报，如良好的自我感觉、获得新的知识和技能、赢得他人的尊重和赞许等。

生活中，有些人总会习惯性地为自己的行为找借口。比如当打算拖延一件事时，他们就会找各种理由：工作太忙、时机不好等。以为这样就可以回避问题，不需要承担拖延后的责任。殊不知，不懂得为自己的行为负责，最终荒废的都是自己的人生。越是习惯于推卸责任，就越会无所作为。

做个负责任的人，要有足够的勇气为自己的选择承担相应的责任；对那些不是自愿选择的责任，也以积极的态度去承担；向那些不计代价与回报而无私奉献的人学习；能够正确评估承担责任的代价与回报，作出最合理的选择；能够为自己的选择负责。

如何成为一个负责任的人？首先，要正确认识自己的位置，勇于承担责任，做好分内的事情；在很多情况下，我们可以选择自己承担的责任，应该义无反顾地担起应负的责任。其次，如果有些事情不是我们自愿选择的，我们仍然应该自觉承担相应的责任；如果遇到需要有人勇于承担责任的时候，要不言代价与回报。最后，要想做一个负责任的人，光有意愿不行，还需要有能力，为此需要努力提升自身素质，增强履行责任的能力，才能更好地勇于承担责任。

总之，成为一个负责任的人需要你承认自己的错误、遵守承诺、尊重他人、自我约束、追求成长以及关注结果。通过这些行为，你可以树立起负责任的形象，赢得他人的尊重和信任。

(十一) 勇于认错

人非圣贤，孰能无过，犯错不可避免。但承认错误并不是一件容易的事，因为人的本能就是会维护自己的观点与尊严，逃避责任。

人们犯了错总是喜欢找各种理由推脱。有的人是因为太在乎面子，害怕伤害自己的自尊心和虚荣心；也有的人是因为错误太过严重，害怕影响自己的前途和声誉，也失去了承认错误的勇气。

当有错误时，要勇敢地承认，而不是一味地拖延和掩饰。不要害怕错误所造成的后果，更不要在意别人的嘲笑与指责。因为人们可以原谅一个犯错误的人，却无法原谅一个不肯承认错误的人。只有勇敢地承认自己的错误，才是真正地认识到了错误；如果不愿意承认，那就证明你仅仅是害怕惩罚。只有敢于承认自己的过失和错误，并加以改正，才能不断完善自我，才能找到自己的不足，取得进步。所以，永远不要因为承认错误而感到羞耻，反而要勇敢地承认自己的错误，这既是一种勇气，也是一种智慧。

勇于认错是一种非常重要的品质，它可以帮助我们建立良好的人际关系。当我们在犯错后承认自己的错误，并向受影响的人道歉时，我们可以重建信任。这表明我们对自己的错误有认识，并且对他人表现出尊重和诚实。

勇于认错表明我们对自己的行为有清晰的认知，并愿意承担责任。这可以提高自我认知和自我价值感，因为我们能够认识到自己的错误，并采取行动来改进自己，促进个人成长和进步。当我们看到自己的错误时，我们可以反思并学习，从错误中吸取教训，以便在未来做出更好的决策。

总之，勇于认错是一种重要的品质，它可以帮助我们建立信任、解决问题、增强自我价值感、促进个人成长以及建立良好的人际关系。因此，我们应该在犯错后勇于承认自己的错误，并向受影响的人道歉。

(十二) 善于记住别人的名字

记住别人的名字，不仅是一种礼貌，更是一种尊重和修养。著名的成功学家卡耐基曾经说过："一个人的姓名是他自己最熟悉、最甜美、最妙不可言的声音，在交际中最明显、最简单、最重要、最能得到好感的方法，就是记住人家的名字。"

善于记住别人的名字是一种非常好的习惯。记住别人的名字是建立良好人际关系的重要一步,当你在与人交流时,如果能够准确地称呼对方的名字,会让你显得更加真诚,对方会感到被重视和尊重,这有助于建立信任和友好的关系。

名字,虽然只是一个人称符号,却是一个人存在于这个世界的特殊标识,代表着他自己,代表着他的存在,代表着与别人的不同。每个人都有想被别人重视的心理,能清楚地说出对方的名字,就是一种让对方感觉到被重视的举动。如果你想让别人跟随你、服从你、尊重你、感激你、愿意为你效劳,那么请给他被重视的感觉。

如果记不住手下员工的名字,就很难成为一个合格的领导。想想这种情形:一个老板在车间或一线巡查的时候,走到一个员工面前,亲切地叫出了他的名字,并向他询问有关工作的情况,这名员工的心里会感受到一丝温暖。反之,员工的心情可想而知。所以,让人喜欢的最简单、最容易的方法,就是善于记住别人的名字,让对方有种被重视的感觉,这样可能带来意想不到的神奇效果。

总之,善于记住别人的名字是一种非常好的习惯,因为它可以帮助你建立良好的人际关系、显示尊重、提高沟通和增强记忆力。因此,我们应该努力记住别人的名字,并在适当的时机准确地称呼它们。

十二、人生修炼

人生修炼,就是追求太极文化中阴阳平衡理念,倡导不断学习和自我完善,这有利于实现个人价值。

(一)作为人,何谓健康

人生修炼过程中,健康是一个综合的概念,包括身体、心理和道德层面的健康。

身体健康是指身体各个器官和系统的正常运作,以及良好的免疫系统和疾病抵抗力。保持适当的运动、良好的饮食和睡眠习惯,以及避免不良的生活习惯,如吸烟和酗酒等,这些都是维护身体健康的重要因素。

心理健康是指个体在认知、情感、意志和个性等方面的正常发展，以及良好的自我调节和适应能力。保持积极的心态、良好的人际关系、适度的自我控制和应对压力的能力等，都是维护心理健康的重要因素。

道德层面健康是指个体在道德准则和价值观方面的表现，包括诚实、公正、善良、责任感等方面的品质。保持正直的品德、尊重他人、遵守社会公德和法律法规等，都是维护道德层面健康的重要因素。

有一位名叫李明的中年人，他是一位成功的企业家，拥有着令人羡慕的事业和财富。然而，他在追求事业成功的过程中，忽视了自身的健康，经常熬夜工作，饮食不规律，缺乏运动，导致身体逐渐透支。最终，他在一次突发的健康危机中住进了医院。这次经历让他深刻认识到身体健康的重要性，他开始积极改变自己的生活方式，注重饮食和运动，并加强了心理健康的维护。逐渐地，他的身体状况得到了改善，同时也感到心情更加愉悦和充实。这个故事告诉我们，无论事业多么成功，没有健康的身体和心理，一切都难以持久。

如何做一个真正健康的人呢？应从修心开始。因为心为本，就身体而言，心为五脏六腑之大主；于外境而言，万法由心生。心安则身安，心安则外境皆安。身上发生的一切事情，都是由自己的心念制造出来的。根据自己的意志，命运既可以变好，也可以变坏。"动机至善，私心了无。"这句话可以解决一切的抉择问题，也可以从中找到真正的健康。人会失去健康，是因为心失其正；心正则身正，身体、心理与道德即能健康起来。修心正心不仅可以重塑健康，还可以提升精神境界。

（二）人生的结果 = 心态 × 目标 × 能力

人生的结果是由心态、目标和能力这三个要素的乘积来决定的。

首先，心态是决定人生结果的重要因素之一。积极的心态可以让人更加自信、乐观和有动力，从而更好地应对挑战和困难。相反，消极的心态可能会让人感到沮丧、无助和失去动力，从而影响工作效率和生活质量。

其次，目标是个人在工作和生活中的方向和动力。明确的目标可以帮助人们更加专注和有目的地完成工作，同时也可以激励人们不断追求进步和幸福。

最后，能力是实现人生结果的基础。在工作中具备相关的技能、知识和经验可以更好地完成工作任务，提高工作效率和质量。工作给美好生活提供了物质保障，通过不断学习，提升各种能力，必能实现好的人生结果。

这三者之中，能力和心态，各自可以取 0～100 分，与那些不思进取的懒惰之人比较起来，能力平平但比任何人都努力付出、有积极心态的人，必定能得到满意的结果。

结果的不同更是由人的奋斗目标造成的，奋斗目标就是人生的姿态，可以取 -100～100 分。奋斗目标不同，人生的结果就会有 180 度的转变。因此，在有能力和态度的同时，拥有正确的奋斗目标是很重要的。

第五章 富泉经营体制

一、富泉经营体制概述

富泉集团把企业组织分成若干个"自主经营"的小集体,"一物一太极",每个小集体都是一个太极,甚至一个人也是一个太极。以企业经营哲学和理念为基础,指导各太极的经营活动。将计划作为基础,并通过经营会计系统实现权利与责任的同步下放,直到基层一线。

为达到以内部竞争促进外部竞争的目的,企业引入了"内部交易会计",从而实现内部市场化运作机制。通过运用独立核算,使企业整体及各经营太极的实际运营情况更清楚、更透明、更系,更容易被管理者把握。

将经营利润作为核心目标,合理量化、客观评价员工能力与业绩贡献,形成良好的文化氛围,实现良性循环。促进员工、领导者实现由被动的"管理者、执行者"到主动思考和创造的"经营者"的转变,激发和释放个人及企业的潜能。

作为企业的一种现代经营模式,富泉经营体制从"人心"出发,并且追求经营艺术与经营科学的高度融合。

二、富泉经营体制图

富泉经营体制图如图5-1所示,从这种套娃式的太极组织结构,可以看到新事业创造及经营的实践演进。图中反映出太极经营的逻辑,在太极组织中战略可以分为三个基本层次：战略政策（整体体制）、战术政策（部分体制）、战斗政策（团队体制）。

整个公司是一个大的圆（太极），在太极经营体的组织结构下，下设的事业部就是一个个小太极，再往下形成更多层级的太极组织结构。该经营体制的基本特征是，每一个太极都可以独立核算出单位时间内创造的经营利润。

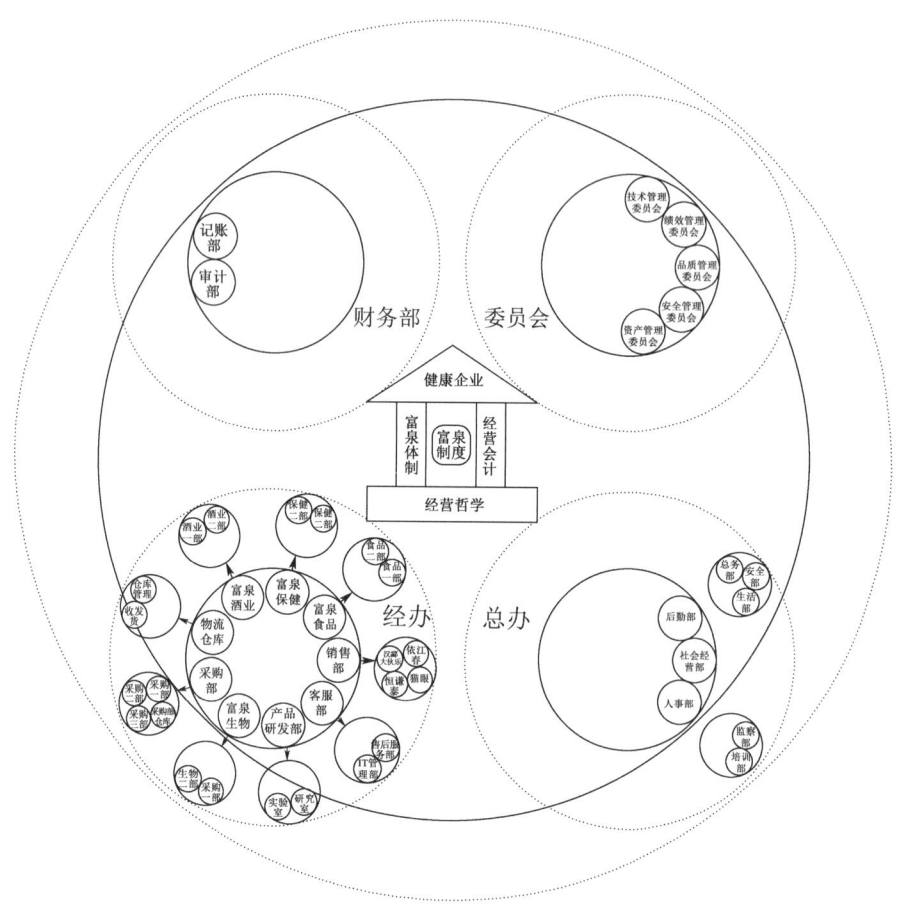

图 5-1　富泉经营体制图

三、富泉集团的三级太极

富泉集团的太极经营分为三个基本层次：整个公司是一个大太极，两办为一级太极，两办下设各部为二级太极，两办各部下属机构为三级太极。

集团实行服务型体制，没有上下级，人人参与经营，自主经营，自负盈亏。

每个太极都是独立核算的经济单位。大太极为二级太极提供服务，二级太极为三级太极提供服务。销售部直接与销售额挂钩，计算目标利润，其余各部门均需内部结算。

（一）富泉集团提供的服务

富泉集团为公司的各太极提供三项服务：目标管理、人事管理、薪酬制度。

目标管理：通过明确的目标设定和跟踪，帮助各太极实现战略目标和提升业务绩效。

人事管理：提供全面的人才结构管理等解决方案。

薪酬制度：设计和实施公平且有竞争力的薪酬体系，激发各太极的工作积极性。

（二）各级太极分布

1. 一级太极

一级太极有 4 个：总经理办公室、生产经营办公室、财务部、委员会。

2. 二级太极

二级太极有以下 19 个，隶属于一级太极：

①总办三部：人事部、后勤部、社会经营部；

②经办九部：采购部、富泉酒业、富泉食品、富泉生物、富泉保健、物流仓库、产品研发部、销售部、客服部；

③财务二部：审计部、记账部；

④委员会五部：资产管理委员会、技术管理委员会、绩效管理委员会、品质管理委员会、安全管理委员会。

3. 三级太极

三级太极有以下 27 个，隶属于二级各部：

①总办五小部：培训部、监察部、总务部、安全部、生活部；

②经办二十二小部：采购一部、采购二部、采购三部、采购部仓库、酒业一部、酒业二部、食品一部、食品二部、生物一部、生物二部、保健一部、保健二部、仓库管理、收发货、研究室、实验室、汉酃大伙乐、猫眼、恒谦泰、依江春、售后服务部、IT管理部。

一级太极及其下级各太极划分及职能表见表5-1至表5-4。

表5-1 总经理办公室及其下级各太极划分及职能表

序号	太极	职能描述
1	总经理办公室（一级太极）	为公司正常经营活动提供服务
2	人事部（二级太极）	负责公司人事、行政、资料、合同管理，定期人才招聘，组织员工进行素质、品质培训，为公司培养人才、输送人才、管理人才
3	培训部（三级太极）	负责公司培训工作
4	监察部（三级太极）	对公司实行监察管理
5	后勤部（二级太极）	全面提供后勤保障工作
6	总务部（三级太极）	负责公司设备、水电、锅炉、卫生等的管理
7	安全部（三级太极）	负责公司安全保卫
8	生活部（三级太极）	提供职工餐饮、住宿
9	社会经营部（二级太极）	搭建与维护公司关系网络，协助公司目标决策、产品推广的实施

表5-2 生产经营办公室及其下级各太极划分及职能表

序号	太极	职能描述
1	生产经营办公室（一级太极）	负责公司各项生产经营活动
2	采购部（二级太极）	负责物品采购
3	采购一部、二部、三部（三级太极）	负责采购低值易耗品、辅料等
4	采购部仓库（三级太极）	负责管理公司货物
5	富泉酒业（二级太极）	负责酒业公司（汉酃、大伙乐品牌）订单生产，协调生产调度工作

续上表

序号	太极	职能描述
6	酒业一部、二部（三级太极）	负责不同品牌酒业生产及调度工作
7	富泉食品（二级太极）	负责食品公司（猫眼品牌）订单生产，协调生产调度工作
8	食品一部、二部（三级太极）	负责猫眼品牌糖果生产及调度工作
9	富泉生物（二级太极）	负责生物公司（恒谦泰品牌）订单生产，协调生产调度工作
10	生物一部、二部（三级太极）	负责不同品牌酵素饮料发酵生产及调度工作
11	富泉保健（二级太极）	负责保健公司（依江春品牌）订单生产，协调生产调度工作
12	保健一部、二部、散步（三级太极）	负责依江春品牌丸子、药包、其他附件生产及调度工作
13	物流仓库（二级太极）	负责收发货管理
14	仓库管理、收发货（三级太极）	负责公司货物管理、收发货
15	产品研发部（二级太极）	为公司提供新产品开发可行性报告
16	研究室、实验室（三级太极）	为公司研究、开发优质的新品、提供检验服务
17	销售部（二级太极）	负责公司市场销售活动
18	各品牌销售（三级太极）	负责各个品牌的销售活动、统计数据，制定计划
19	客服部（二级太极）	为客户提供优质售后服务，投诉建议及时解除
20	售后服务部（三级太极）	为客户提供订单服务
21	IT管理部（三级太极）	处理代理商订单、网站管理与维护

表5-3 财务部及其下级各太极划分及职能表

序号	太极	职能描述
1	财务部（一级太级）	负责公司财务记录与审计
2	审计部（二级太极）	对各项报表数据进行审计工作
3	记账部（二级太极）	记录公司账目

表 5-4 委员会及其下级各太极划分及职能表

序号	太极	职能描述
1	委员会（一级太极）	负责公司全方位的资产、技术、绩效、品质、安全管理
2	资产管理委员会（二级太极）	负责公司的资产管理
3	技术管理委员会（二级太极）	负责公司的技术支持
4	绩效管理委员会（二级太极）	负责公司的绩效审核
5	品质管理委员会（二级太极）	负责公司的品质管理
6	安全管理委员会（二级太极）	负责公司的安全管理

四、富泉经营体制终极目标

富泉经营体制确立了与市场挂钩的部门核算制，培养了具有经营者意识的人才，实现了全体员工共同参与经营，共同推动企业做大做强，实现共同的愿景。

（一）确立与市场挂钩的部门核算制度

把组织划分为若干个太极，采取部门核算管理，及时应对市场变化，践行公司经营"追求销售额最大化和费用成本最小化"的原则。

（二）培养具有经营者意识的人才

企业经营权的下放，可以使各个太极的领导与员工上下团结一心，树立起"每个人都是一名经营者"的意识，从而激发出其作为经营者的责任感，努力提升自己的业绩，从而真正实现从员工"被动"立场向领导"主动"立场的转变。

这种转变正是员工经营者意识得到树立的开端，于是与老板一同承担经营责任的经营伙伴将从各个太极领导中不断涌现。富泉集团将培养出大批具有经营思维的生产管理和运营人员，带领全体员工激发潜能，不断提高利润。

（三）实现全体员工共同参与经营

每一个成员都会在各自岗位为自己的太极甚至为整个公司作出贡献，各个太极领导会因为制定并实现目标而感受到企业和工作的意义，员工也能在工作中找到价值与乐趣。在太极经营下，富泉集团能够真正实现"全员参与经营"，员工站在老板的立场上思考，并且像老板一样为公司努力工作。

总的来说，富泉集团的太极经营是一种把培养人才、培养与企业家理念一致的经营人才作为根本目标，并且实现上下团结一心的经营模式。

第六章 富泉算盘

一、八项财务原则

富泉集团在多年的经营过程中,认识到企业经营者必须准确把握企业的实际经营状况,在此基础上才能做出正确的经营判断。而要做到这一点,前提就是要精通会计原则和会计处理方法。

太极经营会计系统不拘泥于传统会计制度,而是直达会计的本质。随着公司的不断发展壮大,富泉集团在长期实践中对于会计理念的思考不断加深,逐渐归纳出经营会计的八项财务原则。

(一) 以现金为基础的经营

这一原则要求企业经营者关注现金流,保持现金的充裕。也就是说,经营不仅要实现账面的盈利,还要时刻保证企业有现金可用。经营企业要时刻留有余裕,要像修筑水库使河流保持一定的水流量一样。这就好像老百姓居家过日子都要有储蓄,以备不时之需。

在实际中,有很多急于求成的企业家为了迅速加快企业的发展规模和步伐,采用很高的财务杠杆,殊不知当外部环境一发生变动,高杠杆的财务就会成为企业的包袱,使企业走向下坡路。

另外,有些企业的盈利表现形式是存货或者应收账款,这些盈利的特点是不能随时变现,同时存货可能因为过时而贬值,应收账款也有可能成为无法兑现的坏账,所以无论如何都要提防有账无钱的情况出现。

（二）一一对应的原则

一一对应，就是在经营活动中时刻保证钱、物和票据的一一对应，这样的好处是经营者能时刻清楚企业的经营情况，杜绝糊涂账的出现。经营者要详尽掌握每个月的月度财务报告，尽早发现问题并采取补救措施。另外，财务报告要尽可能地详细，避免"眉毛胡子一把抓"，如此才能迅速找出问题所在。

（三）彻底地实行精益化经营

1. 使用二手设备降低生产成本

生产设备不一定要用最先进的，要根据计算出的设备可生产的效益来确定采用何种级别的设备。有时候有些便宜但不是最先进的设备，反而是最经济实惠的。如果50元的设备能够产生80元的效益，100元的设备能够产生140元的效益，那么选择50元的设备反而会比较划算一些。

2. 坚持健全会计

要经常对存货进行盘点，存货时间久了就会失去价值。因此要了解存货状况，要在存货还有价值时及时进行减值处理，避免浪费。

3. 要警惕固定费用的增加

固定费用主要包括设备费用和人工费用，要警惕大量的设备投资和非生产员工的增加。

4. 靠汗水换取利润，绝不投机

要经受住诱惑，避免"空手套白狼"的思维，踏踏实实做事业才能在经济不景气时使企业屹立不倒。

5. 即用即买

不要大量购买便宜、多诱人的货物，只要买眼下需要的，不要积压货物。

（四）用双重确认的办法保护公司和员工

在公司日常经营中，员工之间、部门之间要相互监督，保持员工的廉洁。这样不仅仅是为了保证公司利益不受侵害，更是为了保护员工不犯错误。因为人是脆弱的，有时候一不小心就会起贪念，容易犯错误。双重确认原则在监督的外在表象下，其实有着善良的用心，是对员工的保护。

（五）贯彻完美主义

制定的计划、标准和目标一定要不折不扣地实现，不允许含糊不清或者妥协，否则计划、标准和目标就会失去意义，员工们也会自觉或不自觉地降低工作标准。

太极经营哲学中也提出经营者要有坚强的意志和燃烧的斗志，这也是在强调一定要坚持完美主义，即在面对困难和问题时不回避，要燃烧自己内心的激情，付出不亚于任何人的努力，百折不挠，坚持到底。

（六）提高核算效益

对经营活动进行管理的经营会计的职责是提高效益，而财务会计的任务是向外部正确地报告企业业绩和企业财务状况。虽然财务会计与经营会计有所不同，但对于经营者来说，财务会计和经营会计同等重要。

如果把经营哲学比作地基，那么经营体制和经营会计就是支撑房子的两根柱子。同时，这两根柱子相互支持，缺一不可。中国有句话叫做"道术兼修"，相对来说，经营哲学就是"道"，而经营会计中的财务八项原则就是"术"。

（七）透明经营原则

富泉集团把"追求全体员工的物质和精神双幸福"作为企业经营的第一目标，员工不是机器而是经营的伙伴。为了激发员工的积极性，增强员工的主人翁意识，促使经营者"走正道"，富泉集团实行透明管理，让一切都在阳光之下。

正是因为经营得光明正大，也就不会有"抄近路，走后门"的想法了。这样从短期来看或许会"吃亏"，但是从长期来看，透明经营是企业良性发展的最佳途径和必然选择。

（八）一切以文字为依据的原则

企业经营者必须准确把握自己企业实际的经营状况并做出正确的经营判断。一切要以文字为依据，以账簿记录为依据，采用表格和文字形式将会计信息传输给使用者。

文字记录的财务数据，尽管看起来好像只是罗列了一些枯燥无味的数字，但当你认真细致地观看这些数字，思考为什么会产生这样的数字时，从这些数字中就会浮现出经营场景，数字会向你仔细描述实际的经营状态。

二、经营会计

（一）经营会计报表

太极经营是独立核算，也就是按照内部市场化的原则，把每一个太极看作一个市场主体进行核算，这样每一个太极当然也可以核算资产负债表和现金流量表。

富泉的经营会计报表（见表6-1）明确了各业务部门的数据责任，以终为始、按图索骥，从公司的合并经营会计报表出发，要求及时、准确地填报数据，并按照这个要求梳理管理流程，从而促进企业财务体系的健全和财务管理体系的建设。

经营会计报表有销售额、变动费、边际利润、固定费、经营利润等5个一级科目。而传统的财务会计报表有销售额、销售成本、毛利、期间费用、主营业务利润、营业外收入、营业外支出、税前利润等8个一级科目。

表 6–1 富泉经营会计报表

分类项目		部门				合计	比例（%）
		采购	生产	销售	总公司		
销售额	对外销售	1					
	对内销售	2					
销售净额		3					
变动费	商品成本	4					
	运送费	5					
	销售手续费	6					
	促销费	7					
	业务资金利息	8					
变动费小计		9					
边际利润		10					
固定费	人工费	11					
	设备费	12					
	其他经费	13					
	固定利息	14					
固定费小计		15					
贡献利润 = 销售净额 − 变动费小计 − 固定费小计		16					
总部固定费用分摊		17					
经营利润 = 贡献利润 − 总部固定费用分摊		18					

富泉经营会计报表的科目释义如下：

销售额：包含外部销售、内部销售和内部购买等细分科目。

变动费：与销售收入成正比发生的费用，是流向企业外部并获取经营利润的费用。

边际利润：销售额减去变动费。

固定费用：留在企业内部并保证企业正常运营的费用。

经营利润：边际利润减去固定费用。

总部费用分摊：费用型太极在经营过程中所发生的费用总和，但不包括员工劳务费。依照事先约定的分摊方法，依次分摊给各个盈利太极负责承担。

经营利润：销售收入减去总费用，但不包括劳务费的附加价值。

单位时间生产力：以每小时为单位计算的销售净收入。

单位时间人·月劳动生产力：单位时间内计算的经营利润。

（二）单位时间核算表

在太极经营中，单位时间核算就是计算出每个太极的单位时间附加价值。简单地讲，就是从每个太极的当月销售额中减去所有当月经费，剩余金额除以当月总时间所得的数字，并以此作为经营指标之一。

只要细看富泉经营会计的单位时间核算表（表6-2），"哪个产品没有取得客户订单"之类的有关情况就能一清二楚，便于经营者迅速做出判断并采取对策。另外，单位时间核算表把经费科目做了细分，比一般会计科目分得更细，构成所谓的实践性经费科目。这样，从事实际工作的员工就能一目了然，并可采取具体行动来削减经费。看了细分后的核算表，经营者就能掌握经费增减的原因，便于切实改进。

表6-2 富泉单位时间核算表示例

项目		金额（元）
销售额	对公司外	14万
	对公司内	36万
	总额	50万
内部采购		20万
销售净额		30万

续上表

项目		金额（元）
费用	原材料	8万
	配件	1万
	电费	1万
	部门内分摊	1万
	SBU（战略业务单元）间分摊	1万
	合计	12万
（附加值）利润		
工时（小时）	正常	1600
	加班	200
	部门内分摊	200
	SBU间分摊	200
	合计	2200
部门内月均总人数		8人
月单位时间核算		81.8元/小时

单位时间核算表的主要特点如下：

（1）简单易懂

单位时间核算的设计可以使不擅长数字的人也能看懂，保证他们会计算，并能据此判断出产品能否盈利。

（2）坚持用金额表示

凡是使用单位时间核算表的活动，其目标和结果都是用金额来表示。这样员工会对成本支出有更强的感知，也更容易切实感受到自己正经营着一个太极。

（3）基于准确的数字展开竞争

使用单位时间核算，可以不受工作内容的影响，对所有太极进行比较公正的评价，精确地用数字统计并予以公布，让各太极之间为实现更多盈利展开竞争。

（4）及时统计、核算出各太极当天的实绩

第二天就可以统计出各太极的成绩并反馈给现场，在提高员工工作热情的同时，能及早察觉危机并采取应对措施。

（5）既保证速度又保证精确度

数据是逐步汇总起来的，而且持续更新，因此既可以保证速度，又可以保证精确度。

（6）通过数据让每个经营细节都变得透明

单位时间核算建立在各项数据的精确汇总的基础上，从这些数字中可以清楚地看到每个经营细节。这不仅使员工更有紧迫感，还能不断让人反思，现场精益改善。

（7）把数字交给现场去管理

单位时间核算制度下，数据由员工自己记录并汇总，因此都能找到相应的解释说明，并让员工真正信服这些数据，对自己的工作结果负责。

（8）数据都是各太极小组长亲自计算

现场员工知道成本经营上的所有数据都是各太极小组长亲自计算的，单位时间核算足以让其掌握产品成本的数据。

（9）把数据渗透到员工意识中

不断重复单位时间核算的各项数据，有助于所有员工明确工作目标和努力方向。

（10）把时间渗透到日常经营中

单位时间核算以1小时为单位，如果能让员工充分认识到这一点，员工就会自发产生一种"1小时"意识，主动采取各种措施寻找最合理的时间安排，以此提高公司运作效率。

（三）单位时间核算表与经营会计报表的区别

单位时间核算表、经营会计报表，都是供各经营单位分析经营业绩、确定工作效率和目标福利使用。单位时间核算表一周一报，经营会计报表一月一报，业绩分析报告书一月一报。太极经营核算表与经营会计报表在使用中的区别如下：

①在单位时间核算表里,由于基层太极的费用类别少,结构简单,没有必要区分一项费用是变动费用还是固定费用,所以小费用下面分的科目直接是具体的费用名称。

②单位时间核算表的费用项中没有包括人工费,也就是说计算出来的附加值包括了人工费。这是因为如果把人工费放进费用中,压低人工费就成为一个降本增效的手段,有可能基层太极领导人为追求短期利益,拼命压低人工费,这样就与太极经营培养经营人才的初衷相违背。

③单位时间核算表中加入了人工工时这个变量,体现出了单位小时的附加值。经营会计报表则体现出"销售额最大化和费用最小化"两条提升利润的途径。在基层太极,特别是生产部门,对于扩大销售额是没有办法的,它是按照计划来接单生产,费用的下降空间也有限,它能做的主要是通过提升人工效率来提升利润。所以,在单位时间核算表中专门体现了工时。

④单位时间核算表是适用于基层太极的管理会计报表,以每个基层太极为单位进行精确计算,通过精细的工作划分提高数值的精确度。太极成员的所有行动都会变得如玻璃般透明,整个太极的经营状况也会清晰地反映在最终的核算表上。这样,基层员工都能清晰地了解公司的经营状况,便能激发自己的干劲和责任心。

因此,单位时间核算即从产值中扣除所有费用,然后除以总时间,作为评估每个太极的标准,保证各太极之间不受产品或者规模影响,进行公平竞争。

(四) 单位时间核算表与经营会计报告表的作用

1. 以最少的资源创造最大的价值

在每个经营太极独立核算的情况下,生产部门和销售部门会以最小的损失去实现经济最大化,进而形成一个有共同目标的链条,推动经营太极的效率。

譬如,单位时间核算采用收付实现制,计算公式为:单位时间附加值=(实际收入-实际支出)/总时间。其中,总时间=正常上班时间+加班时间。单位时间附加值能让我们了解经营成果,同时也能对比单位时间里的附加值是否高于平均工资。

2. 以最小的成本创造最大的利润

要想实现"销售额最大化和费用最小化",需要将每一道工序的支出降到最低,将销售额提到最高。在这个过程中,如果组织过于庞大,往往只会算出一本糊涂账。因此,富泉集团把企业划分成若干个太极独立经营,并由这些太极进行内部购销核算,如此就可以清楚了解每个太极每小时产生了多少附加值,考虑如何以最小的成本创造最大的利润。

(五) 经营报表与成本管理

富泉集团的经营会计是为经营决策服务的,不同的成本服务于不同的决策方向。富泉的经营报表中的成本即费用,指为达到一定目的而应当或可能发生的各种资源的价值牺牲或代价。

1. 费用分类

按照用途可将企业的全部费用分为生产费用和非生产费用。生产费用也称制造成本,通常包括直接材料、直接人工、制造费用。它是为生产产品或提供劳务而发生的成本。非生产费用也称期间成本或期间费用,包括销售费用和管理费用。其中,销售费用指为销售产品而发生的各项成本,如销售人员薪资、广告费、运输费等。管理费用指在行政管理中发生的各项支出,如董事经费、行政管理人员薪资、行政管理部门固定资产折旧费等。

按照性态可将企业的全部费用分为变动费用、固定费用和混合费用三大类。除此之外,企业的全部费用按发生时间可分为历史费用和未来费用,按可控性分为可控费用与不可控费用。按与决策的关系分为相关费用与非相关费用。

2. 通过经营会计报表发现问题

经营会计报表最大的优点就是能让经营者时时刻刻掌握企业经营的状况,这样才能根据市场及时做出相应变动。富泉集团各太极经营体就是通过经营会计报表掌握自己团队每天每项内容的收入状况和支出经费,从而发现问题所在。

3. 用问题倒推责权利匹配

对照历史数据，可以层层分析问题的根源，最终分析出责权利是否均衡，并找到对策。当责权利下放到每个人身上后，经营者会重点关注"单位时间产值"，从而推进整体业绩的提高。

4. 用经营会计量化授权

各太极的最终目的是实现"费用最小化，收益最大化"，必须做好时间单位核算表，将数据与责权利进行对照，这样才能真正实现量化分权。

（六）经营会计体现以人为本的理念

在传统的管理会计报表中，人工费总是与投资回报率相联系，人被视为投资项。在这种经营理念下的企业会测评每个员工，可以给企业带来增值效益的员工会得到薪酬的激励；不能为企业带来效益的员工就会遭到解聘。这样员工固然会迫于压力而提高自己，但是无法对企业产生真正发自内心的认同感，优秀者也会时刻寻找跳槽机会。

但在富泉的单位时间核算表中，员工被当作是企业的主人。例如，在单位时间核算表中，固定费栏没有计入人工费。这一经营理念认为，人的能力具有无限性，人的价值不能类似机器来评价。因此，要把每个人都当作人才来培养，不仅要培养其职业素养，更要注重培养其人格，把企业作为员工展现才华、施展抱负的地方。以这种方式经营企业，员工才会有强烈的归属感，并自发地提升自己，不断挖掘自己的潜力，发自内心地愿意与企业长期共同成长，荣辱共担。

（七）经营会计对于经营者的便利性

1. 化繁为简，理顺逻辑

很多企业家都有一种感觉，财务部门提供的数据太多了，各类数据纷繁复杂，而且多数是经营者根本无须关注的。决策者不是专业财务人员，很难梳理出各数据之间的逻辑关系，而普通的财务报表又不是从经营者的角度设计的，这给经营者了解企业经营状况带来了很大困难。而富泉经营会计化繁为简，其报表是从经营者角度设计的，经营者可以轻松地理解并使用。

2. 数据真实，高效经营

富泉经营会计是逻辑清晰的内部报告会计，通俗易懂、一目了然地呈现出了数据链与数据板块。它的数据源全部采集于经过财务部门审核确认的资料，使用的经营数据绝对真实可靠。经营管理部将这些数据进行"二次加工"梳理，形成太极经营会计系统，并在第二天早上把前一天的分析结果发放给各个相关的太极。

3. 把控全局，科学决策

富泉经营会计的各类报表可以从整体到局部各个维度对企业数据进行梳理，生成整个公司、各个事业部和非营利太极的会计和核算报表。经营者可以通过这些报表对企业的经营状况进行全面了解，并为其做出科学决策提供依据。

（八）经营会计系统的运用

①结合经营需要进行关键指标和日常经营指标分析。同类指标运用差异分析法，关联指标运用比例分析法，关系指标运用比率分析法，同时遵守富泉经营会计八项财务原则中"以现金为基础"的原则，以保证改善现金流、提升利润。

②会计账簿进行全面持续、科目细分和同类汇总的记录，保证账证相符、账实相符和账账相符，同时遵守八项财务原则中"一一对应"原则。

③会计凭证遵守八项财务原则中"用双重确认的办法保护公司和员工"，保证数据源的真实可靠。

④定期将各太极日常核算资料加以分类加工和按需汇总，形成经营会计报表，保证及时快速地向各自的负责人准确提供经营数据。同时遵守八项财务原则中的"完美主义"原则，数据不出现任何差错，关键数据还要加上附注说明。

⑤通过报表数据深入挖掘经营问题，及时进行分析并提出解决方案，同时把握数据趋势，持续优化经营业绩。

（九）富泉经营业绩分析

富泉经营业绩分析可参见第3章表3-4。富泉集团进行业绩分析主要涉及以下五项内容。

1. 经营利润差异分析

$$经营利润 = 销售额 - 总费用$$
$$= 销售额 - 变动费 - 固定费$$
$$= 边际利润 - 固定费$$
$$= 销售额 \times 边际利润率 - 固定费$$

经营利润要提升，第一是降低固定费，第二是提升销售额，第三是提升边际利润率，这就是影响经营利润提升的三个因素。这三个因素对经营利润的影响程度需要进行单独的分析，才能厘清每个因素对经营利润影响的金额大小。

也就是说，当分析固定费对经营利润的影响时，假定销售额和边际利润率不变；当分析销售额对经营利润的影响时，假定固定费和边际利润率不变；当分析边际利润率对经营利润的影响时，假定固定费和销售额不变。这样就可以分析出三个因素对经营利润影响的绝对值和相对值，并找到其中对利润影响最大的因素，有针对性的予以改善，必然能快速提升企业的经营利润。

2. 边际利润率差异分析

对边际利润率差异的分析，目的是分析各项变动费用的费率变动对边际利润的影响，找出负面影响最大的前几项并进行改善。

比如，有一项变动费用科目叫运输费，计划的运输费率（运输费/销售额）是4.5%，实际的执行结果是4.8%，超支0.3个百分点。对边际利润来说这就是一项负面因素，企业要深入挖掘运输费超支的原因，然后采取针对性措施予以改善。

可见，边际利润率差异分析与经营利润分析一样，都是通过数据分析找到影响利润最大的因素，然后采取针对性举措进行改善，这对利润的改善效果最佳。

3. 生产力差异分析

固定费的生产力 = 边际利润/固定费

人工费的生产力 = 边际利润/人工费

设备费的生产力 = 边际利润/设备费

其他固定费的生产力 = 边际利润/其他固定费

固定费利息的生产力 = 边际利润/固定费利息

人·月劳动生产力 = 边际利润/人员数

通过对以上各项科目的生产力分析,可以直接得出企业损益的实际数值情况。

4. 盈亏平衡点差异分析

盈亏平衡点的销售额 = 固定费/边际利润率

所谓盈亏平衡点,就是经营利润为零的这个点,即销售额－变动费＝固定费,也就是边际利润＝固定费。

通过对盈亏平衡点安全度的评价,企业经营者们可以比较准确地判断出企业的经营状况。盈亏平衡点安全度的评价指标为平衡点安全度＝计划(实际)的销售额/平衡点的销售额。

5. 业绩分析会

在富泉集团,业绩分析会可以说是经营会计的中心环节,它是由经营管理部部长主持,企业中高层参加的业绩分析和评价会议。在会议中,各太极负责人汇报上个月的业绩成果和课题改善结果,总结不足,公布下个月月度计划和改善课题。经营管理部部长做出业绩评价并指导业绩改善。

业绩分析会是重要的业绩改善场合,也是经营人才培养的重要场合。业绩分析会的目的是通过业绩管理及评价实现循环改善,不断提升经营管理水平和能力,确保经营目标的达成,并将公司的经营思想传达到全体员工,逐步形成业绩导向文化。

业绩分析会是针对公司部门级以上组织部门的业绩管理和业绩评价,部门级以下各组织单位可依据以下办法参照执行。

①业绩管理：对各部门的当期经营目标和计划进行过程追踪，以增强责任单位紧迫感和对过程计划控制，从而不断明确现状与目标的差距，及时采取应对策略予以改善，确保达成目标。

②业绩分析：对各部门的当期经营目标和计划执行结果进行分析，采取计划与实绩及年度目标进行对比的分析方式，按照从宏观到微观的逻辑得出经营现状，找出问题所在，从而做出经营应对方案的过程。

③业绩评价：依据年度经营合同和各部门考核标准，对当期经营结果得出定性的等级评价操作过程。

（十）改善业绩的四个思路

富泉集团导入太极经营模式之后，各太极要寻求生存与发展，就必须要千方百计地提高自身的利润水平。但是，利润的提高并不是孤立的，它必须在成本控制下才能达成。因此，提高利润的方法就是成本控制的方法。

在实际经济环境下，每个太极都要结合自身情况，抓住市场规律进行科学决策，全面控制成本，提高自身利润。而对于企业的利润规划则可以从四个方面来进行：削减固定费用、削减变动费率、提高销售单价和改变商品结构。下面着重介绍前三个方面。

1. 削减固定费用

企业的固定费用是每年固定发生的费用，具体包括固定资产折旧、利息、公司运营管理费等。需要注意的是，产量越大，固定成本（单位间接成本）所占份额越小，因此，企业可以通过增加产量来降低固定费用的占比。另外，对设备的投资也属于固定费用，当固定费用的支出大于收入时，经营者就要慎重考虑一些固定费用的投入是不是有必要。

关于设备投资方面，富泉集团领导曾计划引进酒水生产线上的某种设备，为此考察过好几家设备生产厂家。经过对比发现，虽然有几家设备的生产效率是富泉目前使用设备的效率的两三倍，但价格却高出几十倍，支出与收入严重不成比例，于是在理性分析后，富泉集团不引进替换目前使用的设备。

如今，一说到如何提高市场竞争力，很多企业的经营者便想到引进先进设备，但是，投资设备意味着固定费用的增加，如果投资不能带来相应的效益提升，就相当于变相地削弱了企业的竞争力。因此，经营者在投资设备时必须保持理性，做出科学决策。

实行收入和费用配比的经营不单单指降低原材料采购费用等的浮动开支，还要尽量降低固定费用，提高利润率，实现"销售额最大化和费用最小化"，使利润大增。

2. 削减变动费用

削减变动费用，即削减随产品产量变动而发生相应变动的费用。削减变动费用，要注意以下几点：

①经营会计项目要细分，便于掌握；
②计划与实绩都要列入金额及变动费用；
③虽仅以金额来了解变动差异即可，但仍要注意变动费用项目的变化。

3. 提高销售量单价

各太极经营要获取更多的利润，就要提高销售单价。单价与利润是同方向变动的，所以单价的临界值实际上是指实现目标利润的单价最小值。

（十一）实施作业成本控制

富泉集团通过太极经营方式，使每一个员工在其工作中都能时时刻刻、明明白白地了解到自己每一份劳动所创造的价值、所做的贡献，同时也使成本意识深入人心。可见实施作业成本控制，相比传统企业的成本控制，对于成本管理和控制有非常重要的作用。

1. 将成本计算精确化和科学化

作业成本法是以成本驱动因素理论为基础而形成的，富泉集团将间接费用分类汇集于各个作业中心，以计算出更合理的产品成本。这种方法从一开始就具有公认的精确性和科学性。

2. 分清各作业中心的责任

通过划分作业中心，分类汇集各种成本费用，各作业中心的成绩可以一目了然。企业内部可以通过计算各作业中心的利润或建立预算计划体系，对各作业中心的成绩进行考评，明确分清各作业中心的责任。

3. 成本控制得以加强

富泉集团在生产过程中，以作业中心为责任中心，建立了一整套完整的记录和计算有关责任成本的核算系统，充分体现了成本控制的要求。同时也将成本意识贯彻于每一位员工的工作中，使节约成本、杜绝浪费成为每一位员工自觉的行动。

4. 实现企业总目标

富泉集团在经营过程中，把责任成本制度与作业成本控制相结合，形成了一个全面、系统且综合性完善的经营模式。在这种经营模式下，各个责任（作业）中心的经营目标是整个企业经营目标的体现。因此，在各个基层组织不断取得最佳经营成果的同时，推进了企业总体目标的实现。

5. 以企业全面经济核算提高效益

各个责任（作业）中心之间发生产品或劳务转移，需要依据企业制定的内部交易价格来进行，这样不仅可以衡量各部门经营目标的完成情况，也会对各部门的工作态度产生重大影响。

富泉集团利用价格杠杆调节企业的生产活动，提高劳动效率。经济核算的目的也是为了加强管理，提高各级负责人的责任心，以提高整个企业的盈利水平和经济效益。

6. 打破集权型的经济管理体制

富泉集团实行作业成本控制，建立各基层作业中心的目的之一是下放管理权限，使企业各层机构能有权处理自己的事务，并在企业总目标得到保证的基础上，完成各自的目标。这种经营手段也可以培养更多能为企业经营者分忧的管理人员。

（十二）太极经营的独立核算

很多企业为了考核激励的需要，在某种形式上做了独立核算，但太极经营的独立核算与这些独立核算有明显的区别。

1. 经营会计简单易理解

如前所述，太极经营中的独立核算采用经营会计的手法，经营会计报表原理极为简单，就好像家庭收支流水账一样。经营会计的科目就是流水账里面的"柴米油盐酱醋茶"，直观且方便理解。业务人员只有理解了，才能自己去分析报表，进而得出业绩改善的措施。

2. 采用内部交易

太极经营的独立核算采用内部交易的方法，先划分太极利润中心，梳理出各利润中心的交易结构，包含交易对象和交易关系。因此各太极的费用划分非常清晰，也可以准确核算出每一个太极的经营利润。如果不是采用这种内部交易、层层摊销的方法，销售额在各太极之间的分割就会不清晰，财务会计计算出的各太极的账务数据也会不准确。

3. 经营会计由太极小组长完成

一般来讲，年销售额在 10 亿元以上规模的企业，其财务核算的水平比较高，也建立了相关的管理会计模块。但这种管理会计，是财务部门的管理会计，经过财务部门的理解写成相关报告供高层管理人员做经营与管理决策用。中层、基层几乎接触不到这样的管理会计报表，即使看到也会有看不懂的。

而太极经营独立核算所运用的经营会计，鼓励各太极小组长和员工自己算账，由于打破了财务会计的技术门槛，在财务部、人力资源部等职能部门数据的支持下，变动费用的核算就可以交给小组长自己来完成，这样才能取得时效性，并且可以充分调动小组长关注数据的积极性。所以，即使有管理会计系统，经营会计仍要做独立核算。

（十三）经营会计的数据均体现企业的经营理念

经营会计报表中的固定费用高了，风险就会增加，但固定费用也绝非是越低越好。经营是以固定费为基础，活用变动费，以获得超过固定费的边际利润为目的的活动。固定费不只是费用，还是生产力，也是体制力，变动费是手段力，在体制力优的前提下，手段力越高越好。

经营会计需要计算边际利润，只要边际利润大于零，就会覆盖部分固定投入，这样的项目是可以做的，若能全部覆盖固定成本，就有了纯利润。如果边际利润小于零，此类产品可以归为淘汰产品。

人·月劳动生产率的分子是边际利润，不是经营利润，即企业的经营利润是企业和员工共同创造的，纯利润的责任不能让员工单独承担。

（十四）经营会计核算项目均关联经营行为

比如，在报表中增加利息项，就会促使相关组织（太极）时刻紧盯该数据；扣除应收账款利息，就会促使销售部门尽力减少应收账款；收到库存利息，就等于明确去库存责任，相关部门就会为去库存而时刻紧盯库存；收取固定利息，企业就会慎重投资固定资产，减少不良资产和闲置资产。

三、经营内部交易

（一）什么是内部交易（内部市场化）

富泉经营从组织划分上把部门划分为小太极，为了把每一个太极的利润核算清楚，就要进行内部交易。内部交易是富泉集团内部模拟市场交易的内部市场化，将部门之间的行政关系转化为交易关系，使企业内部感受到来自市场的压力，有利于增强企业内部员工的活力，激发出员工的潜力。内部市场与外部市场的区别见表6-3。

内部交易是富泉经营模式中的一个重要环节，通过内部交易，企业内部前后工序之间以价格为纽带，以服务和资源为商品，进行等价交换，统一结算交易。另外，经营者还可以通过内部交易行为，观察到各个太极的盈亏状态。

内部交易同市场交易一样，将商品卖给下一道工序所在部门时，两个部门之间要讨价还价，最终达成交易。比如采购部门采购的商品卖给生产部门，生产部门生产的产品卖给营销部门，这个过程就是内部交易。

以富泉集团酵素工厂的原料部门为例，该部门自主经营、独立核算，是一个独立运作的太极。它可以向内部供应商低价购进原料，再将调配好的原料提供给内部客户。一旦实行交易，钱货两清，就算是实现了销售。富泉集团生产太极内部交易表见表6-4。

公司内部购销甚至能在质量管理上发挥巨大作用。由于是购销，作为购买方的太极如果认为质量不能满足要求，不会进行公司内部采购，因此，不能达到各道工序规定质量的半成品不会流入后道工序。也就是说，每项公司内部采购活动都成了"质量关卡"，产品质量得到了检验。各道工序的太极都严格地按照质量标准制造产品。

表6-3 内部市场与外部市场区别

区别	本质	目的	供求关系	竞争机制	价格机制
内部市场	虚拟市场	改善业绩	固定供求关系	缺乏竞争	计划+市场
外部市场	实际市场	交换价值	供求双向选择	自由竞争	市场机制

表6-4 富泉集团生产太极内部交易表

序号	交易对象	交易部门	采购部门	价格及规则
1				
2				
3				
4				

（二）内部交易（内部市场化）的意义

富泉集团是有清晰的分权、分责、分利的企业，通过内部市场交易实现内部市场化，培育各个独立太极的自主经营能力，让经营者能够随时观察到经营太极的盈亏状态。内部交易（内部市场化）的意义主要体现在以下几点。

1. 传递市场压力，克服官僚主义

企业间的市场行为必定是一方买、另一方卖，为了生存，企业必须要保证自己有足够的利润，因此市场上的企业在交易中时刻有着利润的压力。富泉集团把企业内部划分成一个个"小集体"——太极，各个太极如同一个个独立的企业，互相进行交易，因此市场压力就在企业内部各个太极之间传递，克服了以往企业内部的官僚做派。

例如，富泉集团的市场营销部接到的订单价格下降了，与该部门进行交易的生产部门会迅速得到消息，然后与生产部门进行交易的原料部门也会得知消息，进而消息又传递给与原料部门进行交易的采购部门，信息在企业内畅通传递，而及时掌握信息是企业稳健发展的关键前提。

2. 实现自主经营，释放员工潜能

富泉集团经营模式实现内部市场化，有利于各个太极培养经营意识。经营太极是企业创造利益的载体，是释放员工潜能、实现其自身价值的平台。而且每个经营组织需要根据费用最小和利润最大的原则优化人力，优秀者会在员工中脱颖而出并成长为经营人才。从经营自己，到经营太极，再到经营企业，这也是企业的全员经营之路。

3. 实现量化经营，把握经营实态

实施内部市场化，可以准确计量经营过程中产生的收益、费用，若总收益大于总支出，各太极就盈利；反之，则为亏损。没有内部交易定价，经营就是一本糊涂账。实施内部交易，可以时刻提醒各太极成员紧盯业绩，同时努力节省开支。

4. 内部交易买卖，资源合理流动

通过内部市场化管理，企业内部的资源就能够进行合理流动。有利于每个太极之间资源的有效利用，及时把资源价值发挥到最大。

（三）内部交易原则和交易对象

1. 内部交易原则

①公平性。为了体现公平性原则，企业内部交易双方所采用的内部转移价格必须一致，为各核算主体经营业绩的评价提供客观、公正、可比的标准，否则将有失公正。

②简单性。交易对象细化，规则简单。内部交易的简单性是指在太极经营系统思维指导下，企业利用科学的方法，细化交易对象，简化交易规则。将交易主题核心以外的枝节因素尽可能地剔除掉，使复杂问题简单化，简单问题条理化，从而简化内部交易，提高交易效率。

③激励性。努力后可以获得利润，才能够调动部门的积极性。为此，在企业内制定的内部交易价格必须能够使各部门通过一定的努力则可以获取相应的利润。

④市场性。市场竞争规则是企业为维护各太极之间等价交换、公平竞争，根据太极经营内部市场的规定和要求，确立的市场竞争行为准则与规范。内部市场与外部市场同步，受"无形的手"调节。

2. 确定交易对象和交易流程

①在组织架构图上标注交易对象，从宏观上确定内部交易结构：首先确定一级太极之间的交易，其次确定二级太极之间的交易……富泉集团进行的是多级太极交易。

②按照产品业务流程制定内部交易流程，包括：按照主营产品价值链确定业务单元，生产部门按照工序进行流程划分，明确部门间的契约、服务、买卖关系。

(四) 生产和销售之间的内部交易

外部交易下的价格由市场决定,内部交易依据市场价格来调整。生产部门的收入是对客户的销售金额,即市场价格。利润 = 销售收入 – 制造成本 – 销售部佣金。销售部门作为生产部门与客户的中介,从生产部门获取一定比率的销售佣金(手续费),作为其收入。利润 = 销售佣金 – 销售经费。

这种核算模式有利于生产部门及时了解市场最新动向,最大限度地控制经费开支,从而创造出更大的利润。

实施部门独立核算制时,销售与生产部门协商决定购销价格,消除了二者之间为定价而互相对立的情况。根据业务形态和产品种类设定销售佣金率,也让大家认识到利润的第一源泉在生产部门。富泉集团生产部门与销售部门内部交易表见表 6 – 5。

表 6 – 5　富泉集团生产部门与销售部门内部交易表

序号	太极名称	交易对象名称	价格	交易规则
1				
2				
3				

(五) 生产部门各工序之间的内部交易

富泉集团各太极之间的产品流动不是以成本为基准的,而是以包含了各自附加值的公司内部买卖价格进行交易。按照这样的流程,各太极独立核算,独立经营。

在生产部内部各工序之间进行买卖时,不仅会产生收入,还需向下道工序支付内部佣金。这是因为作为最终工序的部门需向销售部门支付佣金,而这一费用应由所有生产工序公平分摊。生产部各太极获取收入即生产金额(公司内部销售、公司内部采购)时,需要支付的销售佣金也要按照公平的规则,由生产部各太极负担。富泉集团生产部门各工序之间的购销表见表6-6。

表6-6 富泉集团生产部门各工序之间的购销表

	工序A	工序B	工序C	制造合计
对外出货				
公司内部销售				
公司内部采购				
生产总值				

(六) 各工序分摊销售部门的销售佣金

富泉集团制定给销售部门的佣金由各太极公平分担。各道工序在进行公司内部买卖的时候，不仅产生收入，而且要向发出订单的下道工序支付公司内部一定的佣金。因为作为最终工序的生产部门向销售部门支付的佣金，需要各生产工序公平负担。

以富泉集团猫眼食品车间为例，其销售佣金分摊表见表6-7。工序A对于下道工序B，在计算"公司内部销售"的时候，针对30万元生产总值，要按照销售佣金率10%支付佣金3万元。同样，工序B在接受工序A的3万元佣金的同时，要支付给下道工序C的7万元佣金。工序C则在接受工序B的7万元佣金的同时，还要支付10万元销售佣金。富泉集团销售佣金分摊表示例见表6-7。

按照这种制度，各太极获取收入即生产金额时，需要按照公平的规则承担支付的销售佣金。

表6-7 富泉集团猫眼食品销售佣金分摊表

单位：元

	工序A	工序B	工序C	生产部门合计	销售部门
对外出货			100万	100万	
公司内部销售	30万	70万		100万	
公司内部采购		30万	70万	100万	

续上表

	工序 A	工序 B	工序 C	生产部门合计	销售部门
生产总值	30 万	40 万	30 万	100 万	
支付佣金	3 万	7 万	10 万	20 万	
获取佣金		3 万	7 万	10 万	10 万
销售佣金的负担额	3 万	4 万	3 万	10 万	

（七）内部交易定价本质与方法

1. 内部交易与定价的本质

实现内部市场化最主要的目的是责任数字化、组织市场化，在企业内部形成虚拟市场，定价的本质是建立核算和改善的标准。富泉集团的内部交易中，每个经营太极将自己的产品和服务卖给其他太极，定价由双方商定，协商不成，由公司绩效管理委员会仲裁。

以富泉集团酵素工厂为例，该工厂有两个太极，分别为 A 太极和 B 太极。A 太极的定价比较高，而 B 太极定价比较低。一个月后，由于 A 太极的定价比较高，得到了 10 万元的利润，而 B 太极只有 5 万元的利润。第二个月，A 太极仍然保持 10 万元的利润，而 B 太极则获取了 7 万元的利润。第三个月，A 太极和 B 太极均获取了 10 万元的利润。如此一来，一个季度下来，这两个太极谁更优秀？答案是 B 太极。在没有领悟到内部交易定价的本质情况下，很多人都会务实地选择 A 太极。但是，为什么是 B 太极更优秀呢？

虽然在整体上，A 太极获得了 30 万元的利润，B 太极只获得了 22 万元的利润。但是，A 太极之所以能获得 30 万元的利润，是因为它的定价比较高。尽管 B 太极定价比较低，但是它在经营的过程中不断自我改善，最后通过自己的努力获取了 22 万元的利润，每个月环比增长 40% 以上。在太极经营的制度考核中，组织的进步性也是衡量标准之一。

从这个案例的角度，我们可以看出，定价的本质并不是定价确定后用所经营的成果进行自我评价，而是通过制定统一的标准，让每个太极都站在同一条起跑线上,并在经营过程中用这一标准进行自我衡量,自我完善。在进行评价时,主要依据的就是看谁更努力,谁的进步更大。

那么,两个太极之间的定价要不要做到100%的合理?不一定。能不能做到100%的公平?答案是做不到。定价没有绝对的公平,最主要的目标就是培养员工的经营意识,赋予员工自动自发改善工作,提升工作效率的能力。

2. 内部交易价格体系

内部交易价格体系包括:交易类型、产品或服务、卖方、买方、定价方式和计算公式。富泉集团内部交易价格表见表6-8。

表6-8 富泉集团内部交易价格表

交易代码	交易类型	产品或服务	卖方	买方	定价方式	计算公式
(1)	SBU间	材料	采购部	生产部	市场参考定价	材料市场平均价格
(2)	SBU间	成品	生产部	销售部	佣金比例定价	产品对外销售价格×(1-销售佣金率)
①	SBU内	半成品	生产部 前加工车间	生产部 后加工车间	交易协商定价	协商设定
……						

注:SBU,即子公司、战略经营或业务单位。

3. 定价依据:目标和数据

太极经营的内部交易定价,充分体现了定价即经营的财务原则。定价的依据主要是利润目标、成本数据和市场价格等。内部交易定价主要分为市场基础定价、成本基础定价和协商交易定价。

(1)市场基础定价

内部交易直接参考市场同类产品的价格,内部交易价格随市场需求的变化而变化,不与成本因素发生直接关系。可直接与外部市场联系,灵活有效地运用价格差异，倒逼各太极提供"物美价廉的产品或服务"。

但是，这种定价法有波动性，同一商品可以有多种价格，这就对核算和管理提出了一定要求。同时，企业对每个太极的投入是不一样的，如果绩效考核完全"一刀切"，则有失公允。

（2）成本基础定价

以产品成本为中心，以产品的单位成本加上预期利润作为产品的销售价格。售价与成本之间的差额就是利润，利润的多少常与成本作比较，其比例就是俗称的"几成"，这种方法被称为成本加成法。

这种方法能够取得准确稳定的成本数据，市场价格波动不大的情况下，操作便捷简单。但也可能失去应对市场的敏感性，导致企业内部的市场开拓能力降低。

（3）协商交易定价

内部交易不完全依据市场价格和成本，而是由各太极之间自主协商确定。若协商未果，将由公司绩效管理委员会进行公正仲裁，确保交易的公平性。

4. 内部交易定价的制定步骤

第一步，画出太极经营内部交易结构图，图上清晰标明哪些利润中心之间（交易关系）对什么产品或服务（交易对象）进行交易。

第二步，查找内部交易对象的市场价格，如果外部市场有同类产品或服务的交易，就可以把这个市场价格作为参照来定价。因为内部交易的成本一定比外部交易的成本低（否则这一块业务不如外包给外部市场），所以内部交易定价可以比外部交易定价略低。

第三步，对于内部交易对象无法找到市场价格的，就必须测算其成本。这时，企业成本会计的水平很关键，要在太极组织机构的基础上，分太极来测算各类甚至是各品种产品的成本，以此作为内部交易定价的基础。

5. 解决内部交易中的纠纷

在内部交易中，各个太极领导之间有可能出现利益冲突，引起纠纷。这时，就需要统管两个太极的负责人出面做出公平、正确的判断。如果只凭单方面的解释就做出决定，必然会导致不公平，影响各太极对核算的责任意识。

如果在各个太极之间进行购销，那么多少会产生公司内部票据处理等事务性工作。但是，其真正目的是通过销售与外部市场挂钩，把市场动向传递到各道制造工序。在销售接到客户订单时，如果售价下跌，会对各道工序之间的购销产生巨大影响，各个太极就会立刻采取措施以降低成本。

而且，由于各个太极在公司内部反复进行购销，所以在公司内部也形成了一个市场。比如，如果有好几个太极能够生产同样产品，那么公司就很有可能与提出最有利条件的太极进行交易。另外，如果公司内部某一太极在成本与质量方面出现问题，还可以向其他具有同样能力的太极采购。在公司内部形成市场，可以培养各太极之间的竞争意识，从而提升公司整体的竞争力。

第七章 富泉行政制度

富泉行政制度主要包括：人事管理制度、行政管理制度、宿舍管理制度、公司财产制度、办公用品管理制度、档案管理制度、会议管理制度、财务管理制度、安全管理制度等。在集团实行太极经营后最重要的是人事管理制度中的考核制度，包括人事晋升制度、各单元工作量、岗位考核办法以及各太极单位负责人的产生。

人事晋升制度是指规定太极员工晋升的条件、方法与流程等的制度。富泉集团主要根据各太极的业绩及成员的个人表现（业绩表现、能力表现、品行表现等），对优秀者进行职位的提升，以达到优化人力资源配置和提供激励的目的。

员工在晋升的过程中，也会获得相应的权力奖励。太极经营模式本身要求对太极组织进行相应的授权，因此企业对表现优秀的太极或太极负责人授予更多的权限，让其承担更多的责任及获得相应的利益，达成权责利完全匹配。

一、人事晋升制度

（一）晋升模式

1. 按工作表现晋升

在工作表现可以用若干标准衡量的企业中，富泉集团依据员工工作表现是否合乎既定标准来决定是否升迁。在这种情况下，能力是员工的工作业绩能够达到预期的标准之一。

2. 按投入程度晋升

当一名员工能约法守时，遵守企业的一切规章制度，能配合上级将工作进行得井井有条、非常出色，那么必定会受到上级的赏识而得到晋升机会。

3. 按年资晋升

主要将资历与能力相结合，在获得可晋升的资历之后，究竟能否晋升，完全依据对其工作的考核。这种制度既承认员工经验的价值，又给予大家平等竞争的机会。

（二）成为合格的经营者

富泉经营模式成功的关键之一是太极首长的成功培养，如果没有一批优秀的太极首长，太极经营模式无法在企业落地。

1. 划分太极确定太极首长

富泉集团在导入太极经营模式之前，首先会进行经营哲学观念的辅导，确保思想落地。在经营中把企业划分为几个层次的太极组织，有一级太极、二级太极、三级太极等，视不同的具体情况划分太极。

单体公司的一级太极是企业，首长是董事长、总经理；二级太极是职能部门，首长是职能部门最高领导者；三级太极通常指各车间，首长就是车间最高管理者。以此类推，直到最小太极。

富泉集团太极的划分与上述单体公司不一样，但是底层逻辑仍然是相同的。集团公司是一级太极，首长是董事长、总经理；二级太极一般是集团中心职能部门和下属各分公司、事业部、生产基地总经理，首长就是这些分公司或者事业部的总经理；同样以此类推，直到最小太极。集团层面的所有事业部、生产基地或者分公司总经理，在集团属于二级太极，但是在自己所属单位属于一级太极。

2. 分级掌握专业知识

《礼记》中有："玉不琢，不成器；人不学，不知义。"太极经营属于比较专业的管理知识，不经过系统学习和实践很难真正懂得它的精髓。尤其是太极首长需要有谦卑的心态，要像海绵一样去汲取太极经营专业知识。

在富泉集团，一级太极首长是企业总经理，针对一级太极首长的培养主要是引入太极经营哲学精髓，让他们真正明白太极经营是一个什么样的经营模式，为什么经营需要哲学，经营哲学在企业中到底能起到何种作用。

尤其要让一级太极首长明白，太极经营不是一个管理工具，太极经营会计只是经营模式中的一个环节，一个培养具有经营者意识的环节。太极经营最终的目的是把太极首长培养成具备经营者意识的人才，同时由各级太极首长把本部门员工培养出来，让员工有参与感，参与到企业的经营之中。

3. 需要具备经营意识

太极是企业最小的经营单位，太极首长必须要有强烈的经营意识，带领团队成员开源节流，不断创新，取得丰硕的经营成果。这些经营意识包括以下四点。

（1）极强的执行力

太极首长必须具备极强的执行力，"现在、立刻、马上"是他们的口头禅，且做到公开，公平，公正。

（2）客户意识

太极首长应具有强烈的客户意识，本着"客户满意"的原则，带领团队成员为客户提供优质的产品与服务。

（3）协作意识

每个太极都是企业整体经营链上的关键一环，必须相互协作才能完成企业整体目标。太极内部是一个团队，需要各太极成员相互团结协作才能完成本太极的目标。

（4）成本意识（费用意识）

每个太极首长必须具备强烈的成本意识，同时教会团队成员聚焦可控成本，关注可变成本，了解固定成本，通过各种渠道想方设法降低成本，提高收益。

4. 需要具备的能力

①要能识别当前最重要的工作，继而投入充足的资源，达成阶段性结果，这

样团队成员才有成就感，并保持高涨的士气。

②以身作则的主要作用在于形成规矩，领导者做到严格要求自己，遵守规定，这样下属也就不会违反公司规定了。

③想当优秀的太极首长，首先要有人才识别的能力，知道下属擅长什么，不擅长什么。利用下属擅长的方面创造价值，并有意识地创造机会，帮助他弥补自己的短板。

④给下属充分的信任，有效授权。在工作过程中让下属有掌控感，下属才会产生强烈的责任感，才能在变革成果中找到较强的成就感。

⑤优秀的太极首长能够把事业的成功与下属的成长有机结合起来，在工作中主动培养下属，有效辅导下属，及时给予反馈，使其能力不断提升。下属成长的快慢，很大程度上取决于领导者是否不断给他正向和负向的反馈，让他明白什么是对的，需要保持下去；什么是错的，需要立刻改正。

⑥太极首长已经拥有一定的人脉和资源，就要为下属协调资源，清除困难障碍。

⑦越是基层的员工，其榜样示范作用的效果越大。因为人们都会有这样的想法：大领导能做到的，我未必能做到，或需要努力做到；但同是基层的同事能做到的，我当然也能做到。太极首长必须学会经常庆祝，而且要形成庆祝小进展的文化，让小组成员跟欢乐相伴，当然，他们必须努力创造效益。

⑧必要的监督也不能少，团队中的相互承诺和监督，对完成需要毅力和韧性的高难度任务有很大的帮助。

5. 领导力与判断基准

组织的领导人最重要的是具有优秀的品格和哲学思维，这决定了领导人的价值。优秀的领导人要能够带领团队向目标前进，具备坚定的决心和正确决策的能力；能够在精神层面判断事物，运用强有力的领导力获取成功，且不断持续下去。这里所说的领导力主要包括以下几方面：

①组织协调能力。能够有效地协调团队成员之间的关系，合理分配资源，确保任务的完成。

②沟通能力。能够清晰地表达自己的想法和意图，同时倾听团队成员的意见

和建议，建立有效的沟通渠道。

③学习能力。不断学习和提高自身素质，更好地应对复杂多变的工作环境。

④创新能力。能够引导团队成员积极探索新的思路和方法，推动部门工作的创新和发展。

⑤风险管理能力。能够分析潜在的风险和挑战，并制定有效的应对策略，确保部门工作的稳定和顺利。

⑥团队管理能力。能够激发团队成员的积极性和创造力，提高团队整体绩效。

⑦决策能力。能够在复杂的情况下做出明智的决策，考虑组织的长远利益。

⑧财务管理能力。能够理解和掌握财务管理的基本知识，包括预算制定、成本控制、财务报表等，有效地管理部门的资源。

⑨项目管理能力。能够制定项目计划、监督项目进度、协调资源等，确保项目按照计划完成并达到预期目标。

总之，部门负责人需要具备全面的素质和能力，领导和管理团队，推动部门工作的顺利开展。

（三）富泉经营太极首长

富泉经营模式要求每个太极必须要有一个首长，并且要求每个太极首长只能担任一个太极的领导人。太极组织以各个太极首长为核心，自行制定各自的计划，并依靠全体成员的智慧和努力来完成经营目标。

1. 太极首长必须身先士卒

富泉经营要求太极首长必须身先士卒，付出成倍于他人的努力，不能完全放权给下属。这样，员工们看到经营者为了大家尽心尽责的行为，自然也会为了公司努力履行自己的责任。

2. 太极首长的产生方式

太极首长是以民主的形式在企业内部产生，经过"候选人产生""面试考核"和"试用期考核"三个阶段来确定。富泉集团根据自身实际，有以下三种候选领导人的产生方式：

①领导推荐。由企业高层领导、部门领导提名推荐。

②公开招聘。对外部公开招聘，应聘人员自行报名。

③选举产生。由太极成员进行选举。

太极首长的面试考核由企业人力资源部门会同各部门，根据上述太极首长的任职资格，对经营太极首长候选人进行面试考核。确定初步的录用人选，进入试用期考核。

太极首长的聘期由富泉集团根据实际情况确定。太极首长上任后，需要有一个试用期，试用期满后由人力资源部组织试用期评估。由部门主管和太极成员对太极首长进行评估，并参考上下游太极首长的意见，做出评估结论。试用期考核不合格者不予聘用。

3. 富泉经营太极首长的权利和义务

太极首长需要具备全面的素质和能力，以便更好地领导和管理团队，推动太极组织部门工作的顺利开展。同时，也必须承担相应的责任和义务，为企业的发展作出贡献。

（1）太极首长的权利

太极首长负责太极组织部门的业务经营，可按规定拥有内部人员分配权、奖惩权，在企业内的业务经营管理权，在企业内的竞标权和项目、经营工作任务委托权，有经批准的资源、设备场所的使用权，有相关业务工作、资产、资源的知情权、参与权。具体表现为：

①领导权。负责制定部门的工作计划和目标，并组织协调团队成员共同完成工作任务。

②决策权。部门决策权，能够在授权范围内对重要事项进行决策，并对决策结果负责。

③人事权。部门负责人具有人事权，负责招聘、培训、评估、奖惩和解聘部门员工。

④财务管理权。具有部门财务管理权，负责制定和审批部门的财务预算、资金使用等事项。

⑤资源调配权。具有部门资源调配权，负责合理配置和有效利用部门的资源，包括设备、物资、时间等。

⑥信息知情权。具有部门信息知情权，能够及时获取和了解部门及公司的相关信息。

（2）太极首长的义务

太极首长应接受公司有关职能部门的业务指导，经营行为应在公司发展战略和经营方针的框架下进行。及时准确将本太极经营数据录入计算机管理系统，编制太极经营会计系统报表；遵守公司《太极经营管理办法》，合法经营，完成公司分配的经营目标，接受和完成公司交办的各项临时任务；不得损害公司的整体利益。必须遵守国家的法律法规和公司的制度，确保部门合法合规经营。必须不断提高团队成员的素质和能力，促进团队的成长和发展。

太极首长必须接受公司及员工的监督，确保工作的公正性和透明度。必须承担部门工作的责任，及时解决工作中的问题，并对工作结果负责。必须加强风险管理，及时识别和应对潜在的风险和挑战，确保部门工作的稳定和安全。必须接受公司及上级的考核评估，及时改进工作中的问题，并不断完善自己的工作表现。

4. 太极首长应掌握的本领

太极首长是实施太极经营的基层主体，对他的要求比普通管理者更高。太极首长必须掌握太极经营原理，熟悉经营管理；善于太极经营内部结算，能够运用"太极经营会计系统报表"进行经营分析；擅长太极经营管理，不断改善太极经营状况。

（1）掌握太极经营原理，熟悉企业经营管理

太极首长要掌握太极经营的基本原理，善于运用经营激励、激发员工的积极性和工作热情，不断提升业绩，实现太极经营目标。

（2）熟练操作太极经营计算机管理软件

熟练操作太极经营计算机管理软件，掌握太极经营内部定价原理，并以此进行自我管理。

（3）善于运用"太极经营会计系统报表"进行分析

太极首长要清楚太极经营结算的方法和要求，了解太极经营结算成果内容，而且要了解太极经营考核过程。

太极首长要能够看懂和分析"太极经营会计系统报表"，学会分析太极经营成果，学会分析太极效益点、止损点等，并带领太极员工不断开源节流，创造高收益。

（4）擅长经营管理，不断改善经营收益

太极领导人要能够了解太极经营管理的基本要求，能够分析改善太极经营的方法，不断提高分析问题和解决问题的能力。要不断改善太极经营收益，努力实现太极经营目标，并且能够给下属员工进行必要的工作指导。

5. 培养合格的太极首长

即便是缺乏足够领导素质的人才，一旦被提拔为太极首长，开始负责部门工作，自然而然就会萌生出责任感和使命感。太极组织成员在与首长一起努力实现自身目标的过程中，也会逐步提高经营者的意识。

所以，太极经营可谓是培养领导型经营人才，提高全体员工经营者意识的完美的教育体系。太极首长在准确地掌握各部门的情况，讨论今后应该如何推进事业的同时，必须对员工的想法进行指导和教育。树立远大目标，每天全力以赴，利用一切机会灌输"人人成为经营者"的理念。

二、薪酬制度

（一）薪酬导向策略

太极经营的激励方法有很多，薪酬是一种最重要、最容易使用的方法之一，它是企业对员工的相应回报和答谢。在员工心目中，薪酬不仅仅是自己的劳动所得，一定程度上还代表员工自身的价值，代表太极组织对员工工作的认同，甚至还代表员工个人能力和发展的前景。富泉集团主要采用三种薪酬模式。

1. 以岗位评价为核心

在综合测评岗位职责、劳动强度、劳动条件等因素后，按岗位相对价值的高低来决定员工的工资待遇。以岗定薪，一岗一薪。

公司会组建专门的岗位测评小组，或者聘请咨询公司来评估所有的岗位，对每个岗位进行综合评价。评价的指标可以包括工作难度、工作量、技能要求、职责重要性等，估算出每个岗位的薪点。根据薪点数的大小，对岗位进行具体的规划调整，形成岗位薪资等级体系。

根据岗位评价的结果，将相似的岗位归为同一薪酬等级。同一等级内的岗位应具有相似的职责、技能和工作量。为每个薪酬等级设定一个合理的薪酬水平，可以根据市场行情、公司财务状况等因素来确定。设计一个薪酬调整机制，以确保随着市场变化、公司发展等因素，对现有薪酬水平进行调整，这个机制可以是定期评估和调整，或者根据绩效、员工发展等情况进行个别调整。

为确保薪酬模式的顺利实施，公司制定了相关的配套制度，如岗位晋升制度、绩效管理制度等。这些制度应与薪酬模式相辅相成，共同促进公司的薪酬体系健康发展。

由于岗位职责在岗位测评的因素中起决定性作用，而职务体系可以在很大程度上反映岗位职责的大小，所以不少企业采用职务工资制度。职务等级的划分，使岗位得到精线条的划分。但职务工资模式无法明确划分同一职务级别不同岗位员工所做的贡献，只能大体上反映出不同职务等级的员工为公司创造的相对价值的不同。

在设计过程中，还需要注意确保每个岗位的薪酬水平与其价值相符，避免不公平的现象。通过薪酬差异，激励员工努力提高自己的工作能力和绩效。确保公司的薪酬水平与市场保持竞争力，以吸引和留住优秀人才。定期对薪酬模式进行评估和调整，以适应公司发展的需要和市场变化。

富泉集团在具体操作过程中，重点关注两个问题：一是谁来进行测评，测评者必须具有权威性；二是岗位评价指标体系的选择必须符合太极组织的具体情况。

2. 以业绩为核心

以业绩为核心是根据员工的业绩表现来确定其工资水平。绩效工资的最大优点是能够有效地激励员工的工作积极性。绩效薪酬模式的理念前提是：员工的业绩水平必须可以精准量化考核，考核结果令人信服；员工的工作付出要明显反映在绩效结果上，即多劳多得。

以业绩为核心的薪酬模式，首先，要明确每个岗位的绩效目标，包括定量和定性的指标。这些目标应与公司的整体战略和目标相一致。然后，根据岗位的绩效目标和市场行情，为每个岗位设定一个合理的薪酬水平。对于关键岗位，可以考虑设立更高的薪酬水平以激励员工。再将员工的薪酬与绩效直接挂钩，使员工的薪酬随着绩效的变化而变化。可以设立一个薪酬公式，根据员工的绩效评分来计算薪酬。除了基本的薪酬外，可以设立奖励机制，如年度奖金、提成、物质奖励等，以激励员工提高业绩。还需要为员工提供必要的培训和发展机会，鼓励员工进行自我发展，提高个人和团队的绩效和能力。

绩效薪酬模式也不是一成不变的，企业需要定期对薪酬模式进行评估和调整，以确保其适应公司的发展需要和市场变化。可以邀请员工参与评估，以了解员工对薪酬模式的看法和建议。需要注意的是，要确保薪酬模式对所有员工公平，避免出现不公平的现象。

在设定薪酬水平时，要考虑公司的财务状况和成本控制，避免过高的薪酬水平影响公司利润。还需要定期评估薪酬模式的实施效果，根据实际情况进行改进和优化。

3. 以能力为核心

以能力为核心定薪酬即技能薪酬模式，这是一种根据员工能力和所掌握的知识技能来确定员工薪资水平的薪酬模式。该薪酬模式的理论前提是：以能力为薪酬衡量标准，工作技能的提升必须对应相应的薪酬提升，员工的技能水平可以通过技能评判体系来准确测量。

富泉集团在采用该薪酬模式之前，首先明确了对能力的定义和能力在企业发展中的重要性，充分考虑员工的接受程度、实行难度、以往经验等多方面因素。

在明确每个岗位所需的技能之后，对员工的技能水平进行评估，包括技能证书、培训经历、实际工作表现等方面。根据技能评估的结果，将相似的岗位归为同一薪酬等级，同一等级内的岗位具有相似的技能要求。最后根据市场行情、公司财务状况等因素来确定每个薪酬等级的合理薪酬水平。

同时，企业还鼓励员工不断提高自己的技能水平，并为其提供必要的培训和发展机会。当员工的技能水平提高时，可以对其薪酬进行调整，以体现其价值。为确保薪酬模式的顺利实施，公司还制定了相关的配套制度，如技能培训制度、职业发展规划等。这些制度与薪酬模式相协调，共同推动公司薪酬体系的健康发展。

（二）薪酬制度的政策性倾斜

有效的薪酬制度所吸引的人才、倡导的行为以及奖励的技能一定是与企业战略发展导向一致的。富泉集团的管理者通过确认组织中薪酬最高的核心员工（相对于市场上的薪酬水平，而不仅是与企业内部相比）所具有的性格特征、表现出的行为与能力，是否与实现战略目标需要的相一致来判断薪酬制度的有效性。

1. 关注核心人才

富泉集团薪酬管理的目的主要是使企业能够将有限资源聚焦于对核心人才的投入，同时能兼顾企业多数人的公平与感受，从而达到留住核心员工、支撑组织战略实现的目的。核心人才需满足以下三个要求：

首先是岗位价值高。岗位价值在不同的战略导向下会存在较大差异，如在市场领先战略模式下，市场开发及销售岗位就成为关键增值岗位；而差异化战略要求员工具有更加敏锐的市场嗅觉与营销能力，新产品开发岗位也就成为企业关注的重点。

其次是业绩好。具备核心人力资源候选资格的人才必须要能够长期保持良好的业绩水平，在岗位上持续为组织提供高质、足量的稳定产出。

最后是能力强。能力强是承担高价值岗位责任的前提，也是保持良好业绩的基础，但现有能力水平只是能力强的一个方面，想成为组织的核心人力资源还必须具备进一步开发与提升的潜能。

岗位价值高、业绩好、能力又强的人才对组织的贡献度明显高于其他人员，富泉集团会将组织的薪酬政策向这些核心人才倾斜。

2. 激励关键行为

对关键行为进行政策性倾斜激励是一种有效的方法，可以鼓励员工在特定领域内有更好的表现。

首先，要明确公司所需的关键行为，包括公司战略目标中所涉及的行为、高绩效员工的行为、客户关注的行为等。这些行为对于公司的成功至关重要，需要给予更多的关注和激励。为关键行为设立奖励机制，如奖金、提成、晋升机会等，以激励员工更好地展现关键行为，并提高公司业绩。

其次，将员工的薪酬与关键行为的表现直接挂钩，使员工的薪酬随着关键行为的表现而变化。这样可以激励员工更加关注和展现关键行为，提高个人和团队的绩效。定期评估调整薪酬制度，确保其适应公司发展和市场变化。可以邀请员工参与评估，以了解员工对薪酬制度的看法和建议。

最后，公司不同的战略导向对各岗位的绩效要求、行为要求也不尽相同。富泉集团在初创期、成长期，薪酬设计会侧重于短期行为指标；成熟期则更加侧重于员工的长期行为，侧重于对长期指标的奖励。

富泉集团在对工作岗位明确薪酬定位的同时，还会合理设计其薪酬结构及岗位绩效指标，以最大限度地、最长期有效地激发员工的工作热情，保证各岗位绩效指标对组织战略有支撑作用。

第八章
太极理论与富泉集团经营

在富泉集团事业的经营过程中,太极理论始终贯穿其中,彻底地践行了"三用主义",用经营哲学奠定企业文化基石,用经营体制解决企业构架问题,用经营算盘实现企业销售最大化、费用最小化,助力企业发展和壮大。

一、经营哲学奠定企业文化基石

(一)阴阳平衡的经营哲学

富泉集团的经营思想遵循了太极的"一阴一阳之谓道,继之者善也,成之者性也"。万事万物都有阴阳两个方面、两种力量,相辅相成,相互推移,不可偏废,"阴阳"构成事物的本性及其运动的法则。同理,竞争与和谐可以说是企业文化的阴和阳,是企业文化的运动法则,也是企业文化的一体两面。

企业是营利性的组织,追求利润是企业的本质要求,所以有利于竞争的文化,也是由企业的逐利性所决定的。竞争具有强大的动力功能,富泉集团的文化帮助企业形成核心竞争力,使每一个员工都不甘落后和停滞,极大地调动员工的积极性、创造性和想象力,使人的潜力和公司技术能得到全面提高,打造企业的核心竞争力。

富泉集团充满竞争力的企业文化主要表现在:全体员工积极向上,充满自信,具有危机意识、奋斗精神和服务精神,充满激情、活力以及创造性,具有很强的竞争意识和竞争能力,与企业结成事业共同体!

这种企业文化可以弥补科学管理和制度管理的不足,是企业柔性的管理,相当于企业的"道德"。同时，富泉致力于构建和谐企业文化，追求全体富泉人物质与精神双重幸福，并为人类健康事业贡献力量。发挥"导向、规范、凝聚、激励"的作用。这既是凝心聚力的基础，也是和谐社会的必然要求。

和谐的企业文化强调人的思想、情感、价值观念、人际关系等，注重营造关爱的氛围和良好的人际关系。在充满团结、友爱及和谐的环境中，把人与人之间的摩擦和内耗降到最低，依靠团队的力量增强企业活力，促进企业生产力的发展。在富泉集团，和谐的企业文化主要表现在全体员工相互团结，相互支持，相互帮助，相互关心，富有团队精神和责任感，与企业结成命运共同体。

（二）阴阳的动态平衡

阴阳对立制约，必须动态平衡，否则会出现阴阳失调。竞争与和谐的企业文化也必须动态平衡。企业文化建设中过分强调竞争，就会导致冷酷无情，内耗严重，不利于形成合力；反之，过分强调和谐，就会你好我好他好，最后大家都不会好，个人技能得不到锻炼，企业也如一潭"死水"，最后失去竞争力。富泉集团在强调以人为本的和谐文化的同时，也强调奋斗为本的竞争文化。

《太极图说》中有："乾道成男，坤道成女。二气交感，化生万物。万物生生而变化无穷焉。"企业文化的运行机制，本质就是竞争与和谐，运用好竞争与和谐这两种企业文化元素，从无到有，交相呼应，就可以使得企业文化充满活力和战斗力，使企业文化成为企业生生不息的动力源泉。

富泉集团是生命型企业，平衡的观念很重要。富泉集团文化的具体内容就是在企业使命的指引下，长期不懈地把握企业阴阳五行的动态平衡。

阴阳是相对的概念，企业领导是"阳"，员工就是"阴"；创始人是"阳"，接班人就是"阴"；销售是"阳"，服务就是"阴"；生产是"阳"，研究就是"阴"；经济是"阳"，文化就是"阴"；新进员工是"阳"，老员工就是"阴"……而且阴不是绝对的阴，阳也不是绝对的阳；阴中有阳，阳中有阴。譬如，领导相对于员工是"阳"，但领导又属于老员工，则是"阴"；新进员工相对领导是"阴"，但相对老员工又是"阳"。企业的"阴阳"处于相对平衡状态，就能可持续发展。短期失去平衡，不会影响企业生存，甚至有利于企业的创新成长；可是长期失去平衡，则必然危及企业发展。

阴阳无处不在，看不见、摸不着，难以把握。如何运用阴阳平衡的思维来分析和经营管理企业？富泉集团的太极经营为现代企业提供了宝贵的思路。它创造性地吸收了中国古代太极的阴阳理论和西方的辩证法，独创一种智慧的思维方法。矛盾是由事物的阴阳属性生发出来的现象，正如阴阳无处不在，矛盾也是普遍存在的，必须正确面对矛盾、分析矛盾、解决矛盾。

从某种意义上说，经营就是一个不断"发现矛盾、解决矛盾"的过程。发现主要矛盾与矛盾的主要方面，是解决矛盾的关键，"阴中有阳，阳中有阴，阴阳消长，变化之道"。众多矛盾中，必然有一个是主要的，只有解决了主要矛盾，次要矛盾才能迎刃而解。在单个矛盾分析中，矛盾双方也不是势力均衡的，其中，必然有一个主要方面决定着事物的性质，抓住了矛盾的主要方面，也就了解了事物的基本性质。

富泉经营中的阴阳平衡绝不是鼓励经常被人误解的"中庸之道"（中庸之道，是极高明的智慧，但通常被误会为"和事佬""调和主义"），一动也不敢动，生怕失去平衡，而是追求动态平衡与和谐发展。有些企业把组织结构设计得四平八稳，企业制度也极尽完善，就是不敢面对市场。因为在市场里，左也是风险，右也是风险，于是守在中间不敢行动，只能坐以待毙。

富泉经营倡导的平衡之道，是顺势而为，遇到上坡慢一点，遇到下坡快一点；遇到左拐弯把重心向左倾，遇到右拐弯把重心向右倾；遇到大拐弯大倾，遇到小拐弯小倾……真正的阴阳平衡，是一门艺术，是相机行事，用心管理，以至随心所欲。阴阳平衡的关键在于"心平"，"心平"才能"气和"，"气和"才能企业兴旺！

（三）经营哲学是基石

哲学思想直指人心，富泉集团经营的基石就是经营哲学，孕育富泉的企业文化。尤如明代哲学家王阳明所创立的"阳明心学"，倡言以"心"为宗，以"心"为宇宙本体，"致良知，知行合一"。富泉集团的企业文化也遵循道法自然，当人心和宇宙之心同频共振时，人人都能健康幸福，企业势必发展壮大。

1. 上下同欲者胜

理想信念是动力之源，当全体员工都相信理想能够实现，这个理想的实现又与自己的命运息息相关的时候，必然会众心归一，义无反顾，勇往直前。

富泉集团推行的文化理念，是全体员工共同参与，领导者率先垂范。通过定期组织培训，在各种场所宣传这些理念，员工每月要根据亲身体会撰写文化论文，并在实际工作中践行这些理念。

富泉集团经营哲学的原点（太极点）是员工，企业通过成就员工最终成就自己。员工通过企业这个平台使自己的灵魂得以提升，既获得物质上的成就，也获得精神上的幸福。

富泉的企业文化强调"心有所向"才能在真正意义上成为一个完整的企业人，只有"心有所向"，员工才能在与企业共进退时提升素质，拓展职业生涯。

在实际践行中，富泉集团高、中、基层员工关注共同价值观和目标的建立，均以追求利润最大化为目标，不断提升经营意识，改善经营水平，真正达到"上下同欲"的效果。

2. 让经营哲学落到实处

在富泉集团，经营哲学不是脱离企业管理实践空喊的文化口号，各级管理者在企业日常经营中始终以经营哲学为引领，自觉实践，已拥有太极首长们应具备的文化自觉和哲学信仰。在处理企业内部冲突和外部竞争时，能时刻坚守经营哲学所倡导的价值标准，用经营哲学来提升绩效，改善经营水平。

经营哲学在富泉集团不是仅仅通过对员工的教育、教化来实现，而是依靠算账、考核激励和业绩的改善，在实践中一步一步实现落地。通过"知""信""行""创"，切实保证经营哲学在企业的成功落地。

让员工认知、感受企业文化，认识到什么应该做，什么不应该做。把理念、愿景、使命、核心价值观等核心文化，融入企业发展中。让员工认同企业倡导的价值观，把哲学的学习和运用贯穿到企业的经营与管理活动中。员工的行为由企业价值观支配，并逐渐从行动中养成习惯。除了核心文化，企业还会把个性类的独特文化融入全员的工作、任务中。

经过一段时间，员工思考问题的角度也会发生变化，学会如何面对工作中不断出现的新问题，并从源头上思考、解决问题，由内而外地改变行为模式，开发出"对"的潜能,更进一步引导和推动企业的健康、良性发展,这些发展成果具有哲学的烙印。

3. 人心所向,惟道与利

富泉集团文化的推行,按照自上而下的方式进行。一方面,管理者的权威和威信,让下属必须按照企业提倡的思想和行为做事;另一方面,管理者的模范带头作用,潜移默化地影响下属。

"人心所归,惟道与义",这是古人对如何赢得人心的一种思考。在企业中,则"人心所向,惟道与利"。假设有一个大型制造企业,由于市场竞争激烈和工艺落后,生产效率低下,导致企业利润不断下滑。为了扭转局面,公司决定进行一次全面的企业改革。

首先,公司对员工进行了深入的调研,了解员工的需求和期望。发现员工们对于工作环境、薪酬福利和工作内容都有很高的要求。于是,公司决定从这三个方面入手,提升员工的工作积极性和生产效率。

在工作方面,公司加强了员工培训,提高了员工的技能水平和专业知识。同时,公司还引入了现代化的工艺和技术,优化了生产流程,提高了生产效率。

在工作环境方面,公司对工厂进行了全面的升级改造,增加了更多的绿化和休息空间,为员工提供了一个舒适的工作环境。此外,公司还加强对员工福利的投入,提高了员工的薪酬待遇和福利待遇。

在工作内容方面,公司引入了更多的挑战性和创造性工作内容,让员工在工作中能够发挥自己的才能和潜力。同时,公司还鼓励员工参与决策和管理,增强员工的归属感和责任感。

经过这一系列的改革措施,公司的生产效率得到了大幅提升,利润也实现了稳步增长。员工的工作积极性和满意度也大幅提高,企业呈现出良好的发展态势。

在这个例子中,"人心所向"指的是员工对于良好工作环境、薪酬福利和工作内容的需求。而"惟道与利"则是指公司通过符合道义和利益的方向的企业改革,不仅满足了员工的需求,也实现了公司的商业目标。

因此,在企业管理中要关注员工的需求和感受,通过提供良好的工作环境和福利待遇来提高员工的工作积极性和满意度。同时，也要注重商业利益和社会责任之间的平衡，实现可持续发展。这样的管理方式可以激发员工的工作热情和创造力，提高企业的生产效率和竞争力。同时，也有助于企业在市场中树立良好的形象和信誉，实现可持续发展。这就是"人心所向，惟道与利"在企业管理中的体现。

富泉集团坚信，要赢得人心，一是企业必须重视道义，遵守诚信原则，在推动社会进步、促进公益事业等方面要有所作为；二是企业的规章制度要以人为本，符合员工的"五种"需求：生理需求、安全需求、社会需求、尊重需求和自我实现需求。

"以诚感人者，人亦诚而应"。富泉集团在培训、职业规划、晋升机制等方面让员工有用武之地。每个人在企业都能得到成长，得到锻炼，有机会实现人生理想和抱负。企业和管理者尊重、相信员工，为他们提供工作和发展的条件和机会，想办法激励和调动员工的工作积极性，使每个人的智力、才能得到充分发挥，在满足个人需求和目标的同时完成组织目标。

4. 人格为先，才能次之

能够引进人格圆满又才华横溢的人才是企业美好的理想，但现实情况往往是，越是有才能的人，专业知识越是丰富的人，越容易以才能和知识为傲，举手投足之间常常无意识地自以为是，目中无人。他们因为过分相信自己的力量，不与周围的人配合行事，一意孤行，有可能造成重大失误，不仅自己身败名裂，还会损害公司利益。富泉集团的文化是，只要发现人格有问题的员工，就会毫不留情，严厉批评、矫正。

中途进公司的员工，大多数人会基于过去的工作和人生经验形成各自独特的思维方式。另外，人到了一定的年龄都会持有某种固定观念。为了改变那些偏执顽固的员工的思维方式，富泉集团会通过经营哲学的学习改变他们的固定观念，对他们进行彻底的教育，努力提升他们的人格。

在"作为人，何谓正确"这一判断基准之下，"要谦虚不要骄傲""拥有坦诚之心""怀有感恩之心"……通过掌握这些做人的基本价值观，让具备才能的人提升自己的心性。

5. 爱人和竞争文化的统一

富泉集团积极提倡并认真践行"爱"的文化，强调"敬天爱人"和"利他之心"。"敬天爱人"强调做正确的事情，阐述做事的底层逻辑，既要遵循事物客观规律，又要关心他人。"竞争文化"倡导正确的工作方式：果断决策，高效执行，公平分配，以提升团队竞争力。

与"敬天爱人"相比，"竞争文化"强调的是做事方式，较少关注其背后的价值观。富泉集团将"敬天爱人"与"竞争文化"有机结合，先选择正确的事，再正确地做事，构成一种经营管理的理想状态。

"竞争"和"爱"在富泉集团的经营实战中并不冲突，二者都遵循太极的阴阳平衡，避免了竞争文化变成零和博弈，避免了恶性竞争。

太极经营是良性竞争的典型，经营中有一个非常重要的指标——单位时间附加价值，即一个太极在一个工时内能创造出多少附加价值。比如一个车间有30个太极生产同一种产品，一条生产线上每个太极都会计算出单位时间附加价值。一个月的结果出来会有横向比较，这里面会有竞争，哪一个经营得好，哪一个经营不好，一目了然。

在这种良性竞争之下，各个太极会强调在自己负责的工序内把工作做好，坚决不让次品或不良品流入下一个工序。如果生产出来的次品没有检查出来，就会给下一道工序造成麻烦。在企业经营层面，不给别人添麻烦也是一种大爱和利他。正是这样，富泉经营就把竞争和利他完美地结合在一起。

富泉集团把企业的延续当作最重要的目标，股东、员工和客户是命运共同体，把"敬天爱人"和"竞争文化"完好地统一起来。"敬天爱人"为企业决策提供标准，即企业的决策需要站在全体员工的立场，实现企业需求与社会需求、个人良知与社会道德之间的平衡。为了追求这种平衡，企业需要塑造"竞争文化"，由管理者身先士卒，带领全体员工不断拼搏进取，实现企业发展。

6. 追求员工物质和精神双丰收

富泉集团的经营理念是追求员工物质和精神的双丰收，先物质，后精神。也就是说，在满足员工物质需求的基础上还注重满足员工的精神需求。

富泉经营首先关注的是企业的整体效益，因此各太极的收入不与奖金直接挂钩。如果企业整体效益不佳，其中个别太极的效益再好也无济于事。因为在成果主义的激励下，各太极会去争抢资源，变得只关心小集体的利益，使企业的整体配合无法发挥作用。

富泉集团各太极的绩效与太极成员的收入有联系，在待遇上不搞平均主义。因为如果努力勤奋工作的员工与消极懈怠的员工的待遇没有差别的话，这个"平等"会产生恶劣影响。但也不会因为一时的成就而大幅度地拉开员工之间的薪酬差距，管理人员会客观而公平地对员工的能力进行评价，并在薪酬、奖金、晋升等福利待遇上予以反映。

富泉集团深知物质激励的效果，非常注重使用物质激励的手段，在这方面非常慷慨。企业对优秀员工实行奖励福利分房，给优秀员工的父母按月发放养老金，公司出资让表现优秀的员工学习深造，定期组织优秀员工外出旅游，等等。这些实实在在的物质奖励，极大地激励了所有员工的工作积极性。

二、经营体制解决企业构架问题

富泉经营体制的一种必要手段就是组织划分，组织划分遵循"能独立完成一道工序且能创造市场价值"的原则，即经营者可以以服务种类、产品类别、工作职能、地域、工序等差异为依据，把企业划分成为一个个能够进行独立核算的太极。

（一）富泉集团的太极经营体制

产品（服务）是企业生存的根本，事业是企业壮大的基石。富泉经营中的每一个太极，是以企业的产品、所属行业或市场为基础，由企业若干事业部或事业部的某些部分组成的战略组织。

富泉集团太极经营体制下组织划分的基本顺序是，先正确设计组织结构，在考虑划分更小级别的太极之前，先明确企业有几个事业部，再按采购、生产、营销、管理等功能将事业部的部门组织进行细化划分。

富泉集团划分多个太极基层组织后，经营方式更加灵活。基层是经营的一线阵地，需要保持高度的市场敏感性，小而灵的太极拥有较强的现场处置能力，因此灵活多变。

整体而言，富泉集团划分太极遵循三个原则：忠实于客户需要，忠实于市场需要，忠实于现场需要。并根据集团公司业务性质与生产需要，所有太极的划分都会因为实际经营适时做出调整。

（二）富泉经营体制的优势

富泉集团的经营者很早就认识到：只有当公司的每个人都能成为经营者，每个人都能够拥有企业家创新的精神，公司的战略才能落实到每个员工身上。与此同时，每个员工的战略创新又会保证公司战略的实现，使公司获得持续发展，实现价值。

与传统管理体制中下级对上级负责不同的是，富泉集团的经营体制倡导人人对市场负责，员工可以成为创新的主体，通过为用户创造价值的过程体现自己的价值，经营自我。

通过推行太极经营，富泉集团收到了非常显著的成果：

①集团领导可以摆脱日常繁琐事务，集中精力考虑全局。

②独立核算能发挥经营管理的积极性，实现专业化生产和企业内部协作。

③各太极之间公平的比较和竞争有利于企业发展。

④供、产、销部门之间容易协调，不会出现在直线职能制下需要高层管理部门过问的情况。

⑤各太极首长会从自身太极整体来考虑问题，更有助于培养和训练管理人才。

⑥实现员工物质和精神双丰收，在满足员工物质需求的基础上还注重满足员工的精神需求。

（三）用经营体制解决管理问题

经营解决的是企业"如何选择做正确的事情"，而管理解决的是企业"如何把事情正确地做好"。经营解决的是关乎企业战略方向、生死存亡的大事，管理解决的则是组织在运转效率方面的提升问题。在富泉集团，经营一定是大于管理的，管理的具体行为要由经营来决定，并始终为经营服务。

经营和管理不是平行的关系，而是经营领导管理，并决定企业未来的发展方向。富泉经营能够有效解决分工与协同（效率）、生存与发展（持续）、赋权与集权（风险）之间的矛盾。

1. 分工与协同（效率）

现代企业的根本难题在于不断专业化分工之后如何协同。体力劳动的协同，可以依靠外化的标准，形成明确的输入、输出和工作方法。知识劳动的输入、输出和工作方法非常难以标准化，协同起来就无比困难。

部门专业化和岗位专业化随着时代的发展不断加强，却造成了协同困难的问题，比如在企业中形成的难以逾越的部门墙。每个人都成为自己领域的专家，并"固执"地从专业角度来思考问题，却不去思考"自己怎么做才能让别人的工作更有效"，因而造成了局部效率拖垮整体效率问题的出现。

与把责任分层落实相比，分流程落实更为困难。这个问题使很多老板手足无措。事实上，企业老板大约只有30%不是作为裁判的身份来处理问题，绝大多数老板都以裁判的身份处理部门协同问题。久而久之，老板成为发号施令者，员工成为听令行事者，其独立思考及创新的能力也因而丧失。

流程化是传统管理系统的基础。关键不是有没有流程的问题，而是企业能不能在专业分工的基础上实现协同的问题。富泉集团把企业组织化、流程化，并集成研发、集成供应链、集成财务等，建立起一套协同的系统，最大化地发挥组织的力量。

2. 生存与发展（持续经营）

富泉经营模式要求企业经营者具备强烈的愿望、充沛的热情，其付出不亚于任何人的努力，不断创新。企业要发展，要长期持续地繁荣，就应确立清晰的管理会计体制，对各部门的经营实态能够即时掌握，并迅速采取应对措施。

企业发展的根本动力在于关注员工、客户和产品，这也是学习和实践太极经营的具体表现形式。比如，关注员工就要给广大员工充分的利益；关注客户就要充分维护广大消费者的利益；关注产品就要充分体现产品的价值以及维持经销商的利益。只有把企业的几个关注点真正落实到工作中,才能最大程度上体现企业的根本利益,这也是企业发展的重要保证。

太极经营是一套与公司各项制度互相关联的以独特经营哲学为基础的管理系统,富泉集团结合企业实际情况加以总结、运用,才探索出一条能够长远稳步发展的经营道路。

3. 赋权与集权(管控风险)

太极经营的赋权是在集权指导下的赋权,而集权也是在赋权基础上的集权。民主是形式,可以提高员工的参与度;控制是原则,体现领导的决策权利。富泉集团推行太极经营模式,导入太极经营哲学,让企业拥有共同的经营哲学价值观,从而实现企业经营利润的共享,让每一位员工拥有经营者的意识,为企业出谋划策。

太极模式中"人人成为经营者"是指员工们具有组织经营权,但是权利是一层一层向下细分的,每一阶层的太极首长权利也是不同的。首先,小组负责人的权利不包括组织所有权、现金支配权和利润分配权。他们权利的划分从大的角度来看可分为两种:一种是定性的事业部分权,一种是定量的权利。与此同时,还需要定期通过使用太极经营会计系统进行独立核算盈利亏损的经营状况评估,互相监督,量化分权,即赋权不是无节制的。

经营领导者或管理者并非无为而治,而是要付出不亚于任何人的努力,对企业经营循环改善提出有效的方法。比如销售部门太极首长必须对销售员收集来的信息和经营数据进行彻底分析,在准确掌握市场和竞争对手动向的基础上,做出正确的决策。比如定价,就是太极首长们的必修课和必须专有的特权。还有制定经营目标与计划、解决突发问题等,太极首长必须身先士卒。也就是说,"人人成为经营者"是让员工有经营者的意识,还要遵守公司规章制度,服从统一的管理逻辑。

权力下放,不等于放任自流,最后的目标还是一起实现公司价值。每个太极首长,就像每个企业的老板,都要接受国家法律的约束,在一定规则之下拥有经营权。

（四）太极小单元经营模式

富泉集团是以一个个太极小单元为单位构成的，但是也并非与一般企业完全不同。例如，富泉的各太极小单元也实行层级制，设有事业部、分部、小组等大小不一的部门。不同的是，对各太极小单元也设计了一套独立核算体系。

与生产有关的太极单元是工厂、车间中形成的最小工作单位，如一条生产线、一个班组等。企业根据工作内容的不同，将所有人都归属于不同的太极小单元，平均来说十二三人组成一个太极小单元，有的太极小单元可达到50人左右，而有的可能只有两三个人。

太极单元与一般企业最大的不同在于，每个太极单元都是一个独立的利润中心，它们像一个中小型企业一样活动，只要经过上司的批准，便可在经营计划、日常管理、劳务管理等经营上自行运作。在这种情况下，每个太极单元都是独立生产、独立会计、独立经营，而且各个太极单元之间还可以随意拆分、组合，使公司有能力根据市场变化做出及时反应。

2021年，太极经营模式正式被引入富泉集团，作为衡量经营状况的重要指标，单位时间核算制度被纳入了太极经营体系。所谓单位时间核算制度，是指在单位时间内所能生产的附加价值。需要注意的是，这里的附加价值并非通常意义上所说的以同样的价格提供的更多的服务，而是"以更少的资源做出市场上价值更高的东西"。

单位时间核算制度属于太极会计体系，具体的计算公式为：单位时间附加价值=销售额-费用/总劳动时间。其中，费用为劳务费以外的原材料费等，总劳动时间为正常工作时间与加班时间的总和。

因此，各太极单元制定的目标不是成本，而是生产力和附加值。而且，为达成目标，实现附加值的最大化，各太极单元必须以最少的费用完成订单，用最少的费用创造更大的价值。为此，各太极单元除了要进行成本管理外，还需把实际成本控制在标准成本以下，才能创造更大的附加值。在这个过程中，各太极单元可以成长为一个不断挑战自我、富有创造性的团队。

传统的成本管理往往聚焦于一个产品在每道工序上的成本，管理的主角是产品，是物。太极经营突破了传统的思维禁锢，团队是主角，那些绞尽脑汁地想要以最少的费用创造最大的价值的人是主角。另外，在单位时间核算制度下，每个部门、每个小组，甚至每个人的经营业绩都变得无比清晰、透明，这让每个人都可以直观地看到自己的贡献和价值。

通常，大企业内的员工感觉不到自身工作的价值，在庞大的企业内部系统，他们只是一个小小的齿轮。而太极经营将全体员工都纳入到管理体系中，让每个人都感受到自己创造的贡献与价值。

在单位时间核算制度下，公司按月公布各太极单元创造的附加价值，每个太极单元当月的经营状况、每个人创造的利润及占总利润的百分比等都一目了然。而且，各太极单元中的每个人都清晰地认识到工作目标，并为达成这个目标付出不懈努力，在创造价值的同时实现自我升华。

三、经营算盘实现销售最大化和费用最小化

富泉经营会计体现的是太极经营中用数值经营的方式，它打破了费用与销售额成正比的固有思维，凝聚所有智慧，做好循环改善，在提高销售额的同时，最大限度地缩减费用，实现了销售最大化和费用最小化。

为买家带来利益是商业存在的根本，而这种利益越大，商业存在的时间就越长久。因此，富泉集团一直恪守"销售最大化和费用最小化"这一经营准则，并以此要求每一位员工，这是富泉集团每个员工努力的方向。为买家带来利益，就意味着企业的盈利。利润无非就是销售额减去费用所得到的结果，努力使销售最大化、费用最小化，这样努力的结果是利润自然随之而来。

富泉经营会计明确了各项费用的支出，各项盈利的进账，有效规避了乱花费的现象，时刻在每个员工的耳边敲着合理费用观的警钟。

在富泉集团的实践中，看一个太极成绩的标准，不是看它"完成了多少生产任务"，而是直接看它"赚"了多少钱，获取了多少利润。每天只要整个工序在运转，太极之间的"买""卖"在进行，每个太极的成本和利润就一目了然。每个太极的成绩，最终就落实到每个人每小时创造的利润，也就是用"每人每小时的附加价值"来加以衡量。

富泉集团的经营方式很大程度上是公司内部各个生产小组之间进行的一种

"劳动竞赛"。这种竞赛带来一种荣誉，每一个太极的"利润额"，也就是每人每小时创造的附加价值，都能换算成一定的点数，每个月在公司内公布出来，看看谁的点数高，谁为公司做出的贡献大。

这样一来，每一个太极，太极中的每一个成员，就不是单纯在规定时间内完成生产任务就可以，而是必须每日每时都得考虑怎样去降低成本、增加利润，怎样提高每人每小时的产值。于是，在每个太极中，为了压低成本，一根包装绳、一个螺丝钉都要成为节约的对象。为了节省时间，提高效率，许多人工作时都走路带风。成本意识、经济利益的意识，就这样渗透到公司的每一个基层单位，渗透到每一个员工心中，上下协同，一致地向"销售最大化和费用最小化"的目标冲刺。

后记：富泉集团实行太极经营走向健康发展

太极理论中，万事万物总是在平衡、不平衡、又重新平衡的动态变化与发展之中。阴阳元素既相互对立，又相互依存。阴阳平衡的思维方式应用在现代企业管理中，强调战略能力与经营能力之间的协调与平衡。

企业管理需要同时重视长期规划和短期获益、创新与传承、变化与稳定等。太极阴阳平衡的思维方式为解决现代管理学中的矛盾提供了思路，使对立双方达到一种相对平衡的局面，能够有效处理企业管理中看似矛盾的悖论。

富泉集团推行太极经营模式，把企业划分成一个个小太极，让每个小集体独立核算、自负盈亏，从而激活每个小集体的成本意识和经营意识。既培养了具备经营者意识的人才，达到人人成为经营者的目的，又在用好标准化、专业化和高效流程管理方法的同时，融入员工自我管理和民主管理的要素，取得了刚柔相济的经营效果。这种模式比传统的忽视员工社会属性的管理制度系统更有生命力。

太极经营模式一个最大的特性就是，只要随着环境做出正确的调整，就可以达到一个平衡点。富泉集团的划分太极独立经营的模式，颠覆了传统的多层级管理体制，使企业以灵敏的、人人都是经营者的方式来应对多变的环境，这种单元太极组织的开放性和自治性成为制胜的法宝。

阴阳平衡的核心在于阴阳不对立，阴中有阳，阳中有阴，而不是非此即彼的关系，"天地无穷极，阴阳转相因"。比如竞争与合作，人与人之间既竞争又合作，竞争能够带来一定的压力和动力，把每个人的能力都激活。没有竞争的组织会缺乏活力，过度竞争也可能破坏合作。再比如激励，团队激励有利合作，但可能会打击优秀个体的积极性；如果强调个体激励，又可能会削弱个体之间的团队合作。过分强调物质激励，有可能会削弱员工的内在工作动机和对工作的内在报酬感受，而缺乏物质基础的精神激励可能是一种海市蜃楼。再有，一个领导到底是以自我为中心，还是以他人为中心？应该加强管控还是无为而治？这些都是涉及阴阳平衡的问题。

富泉集团的太极经营模式给出了很好的解答："人人都是经营者"的基本含义是每个员工都可以直接面对客户，创造客户价值，并在为客户创造价值中实现自己的价值。人是开放的，并不局限于组织内部，也不是被动的执行者，而是创业者和动态合伙人。这样一来，极大地弱化了组织内竞争与合作的矛盾性，不论是内部还是外部，也就能达到一种良好的"生态"环境。

在薪酬方面，个人的薪酬来自于客户评价、客户付薪，而不是上级评价、企业付薪。传统的企业付薪是事后评价考核的结果，而客户付薪是事前算赢的超利。在这种模式下，人的自驱动性很好地解决了激励的平衡性问题。

另外，经营模式的改革同时颠覆了企业、员工和客户三者之间的关系。传统管理一直是主体、客体对立，太极经营模式下，原来的管理者和被管理者都成了客体，而主体变成了客户。传统模式下，客户听员工的，员工听企业的；而在太极经营模式下，企业听员工的，员工听客户的，客户从购买者颠覆为全流程最佳体验的参与者，从顾客转化为交互的用户资源。

现代企业管理中，组织存在各种不平衡可能是常态，组织达成平衡的过程是组织战略升级和组织发展的过程。旧的平衡状态存在过久，可能会产生一种惰性，这个时候就需要主动打破旧的平衡，建立新的平衡。每一次重新达成平衡的过程，就是组织发展和组织能力建设的过程，组织的核心能力和对环境的适应能力就会随之提高。太极经营模式就最适合于不确定性的环境。

富泉集团自2021年以来，推行并实施太极经营模式，经过三年多的不懈努力，已取得了显著的成就。这一模式不断为企业培养出大批具有经营意识又与企业经营理念一致的经营人才。

有效的组织划分，使企业内部形成一个个小的自主经营单位。通过独立核算，可以更清楚地看到经营中存在的问题，精细化、数字化管理也因此得以真正实现。在此基础上，根据外部经营环境的变化，快速而准确地做出经营判断。

"透明化经营"的高效开展实现了企业内部高、中、基层的顺畅沟通，有利于增强企业的凝聚力和员工的责任感。有效授权使员工积极主动参与经营，从根本上提高了员工的经营主动性。人人都是经营者，为自己的事业努力工作。

正所谓"众人拾柴火焰高"，企业内部市场化的运作彻底推倒了部门墙，将企业面临的经营压力传递给每个员工。只有充分发挥全体员工的智慧，才能使企业更好地应对激烈的市场竞争。

经营会计、内部交易的不断运用，核算标准的不断提高，在企业内部形成良好的量化积累的经营循环，大幅度增强了企业"体质"。即使遭遇恶劣的经营环境，企业也能平稳度过，甚至得到更好的发展机会。"经营会计报表"与"单位时间核算表"，不仅可以客观公正地评价员工的努力与贡献，还使全体员工拥有了明确清晰的工作目标，从而提升工作效率。

通过推行太极经营模式，富泉集团真正实现了"哲学共有"，使企业的经营理念和价值观落地生根的同时深入人心，形成全员积极向上、勇于承担、开放共享、努力进取的良好企业文化氛围。